아이가 주인공인 책

아이는 스스로 생각하고 성장합니다.
아이를 존중하고 가능성을 믿을 때
새로운 문제들을 스스로 해결해 나갈 수 있습니다.

〈기적의 학습서〉는 아이가 주인공인 책입니다.
탄탄한 실력을 만드는 체계적인 학습법으로
아이의 공부 자신감을 높여줍니다.

가능성과 꿈을 응원해 주세요.
아이가 주인공인 분위기를 만들어 주고,
작은 노력과 땀방울에 큰 박수를 보내 주세요.
〈기적의 학습서〉가 자녀교육에 힘이 되겠습니다.

안녕, 우리는 <u>비법걸&비법보</u>이야.

디자이너 다츠쌤이 우리를 귀엽게 만들어 주셨고,
이름은 길벗스쿨 기적쌤이 지어주셨지.
아직 그렇게 유명하진 않은데...
너희들이 예뻐라 해 주면 우리도 빵 뜨지 않을까? ^^
우리는 이 책에서 초등 전 학년을 맡고 있지!
이 책으로 너희들이 독해를 잘하려면 우리가 하는 얘기를 잘 들어줘야 해.
우리가 전수하는 비법대로만 따라 하면 독해 그까짓 거 식은 죽 먹기라고~!
같이 해 보자~~!!

초등 문해력, 읽기로 시작한다!

기본편

길벗스쿨

기 적 의 독해력 5권 초등 3학년 기본편

초판 1쇄 발행 2021년 3월 3일
개정 1쇄 발행 2024년 6월 1일

지은이 기적학습연구소
발행인 이종원
발행처 길벗스쿨
출판사 등록일 2006년 6월 16일
주소 서울시 마포구 월드컵로 10길 56(서교동 467-9)
대표 전화 02)332-0931 | **팩스** 02)323-0586
홈페이지 www.gilbutschool.co.kr | **이메일** gilbut@gilbut.co.kr

총괄 신경아(skalion@gilbut.co.kr) | **기획 편집** 박은숙, 유명희, 이은정, 이재숙
제작 이준호, 손일순, 이진혁 | **영업마케팅** 문세연, 박선경, 박다슬 | **웹마케팅** 박달님, 이재윤, 나혜연
영업관리 김명자, 정경화 | **독자지원** 윤정아

표지 디자인 디자인비따 | **본문 디자인** (주)더다츠 | **전산편집** 린 기획
표지 일러스트 이승정 | **본문 일러스트** 김영곤
CTP출력 및 인쇄 교보피앤비 | **제본** 신정문화사

ISBN 979-11-6406-683-4 64710
(길벗스쿨 도서번호 10922)
정가 11,000원

독자의 1초를 아껴주는 정성 길벗출판사

길벗스쿨 | 국어학습서, 수학학습서, 유아콘텐츠유닛, 어학학습서, 어린이교양서, 교과서, 길벗스쿨콘텐츠유닛
길벗 | IT실용서, IT/일반 수험서, IT전문서, 어학단행본, 어학수험서, 경제실용서, 취미실용서, 건강실용서, 자녀교육서
더퀘스트 | 인문교양서, 비즈니스서

『기적의 독해력』을 펼친 여러분께 우선 박수를 보냅니다.

이 책은 여러분의 독해력을 키우기 위해 만든 책이에요. '독해력'이 뭐냐고요? 읽을 독(讀), 이해할 해(解), 힘 력(力) 자를 써서, 글을 읽고 이해하는 능력(힘)을 말해요. 지금처럼 이 글을 읽고 무슨 뜻인지 알겠으면 독해가 되고 있다는 거고요. 이 글을 읽고는 있지만 도통 무슨 말인지 모르겠으면 독해가 잘 안되고 있다고 할 수 있죠.

우리는 살면서 많은 글을 읽어요. 그림책, 동화책, 교과서, 하다못해 과자 봉지에 있는 글까지. 그런데 이렇게 많은 글을 읽어도 이해하지 못한다면 얼마나 답답할까요? 글을 읽고 이해가 되어야 깨닫게 되고, 몰랐던 것을 알게 되고, 또 이어질 여러 가지 문제를 해결할 수도 있는데 말이죠.

그래서 '독해'는 모든 공부의 시작이고, '독해력'은 우리가 가져야 할 제일 중요한 능력 중의 하나이지요.

여러분이 펼친 『기적의 독해력』 시리즈는 여러분이 초등 공부를 시작할 때부터 완성할 때까지 함께할 비법서랍니다. 예비 초등학생을 위한 한 문장 독해부터 중학교 입학을 앞둔 6학년을 위한 복합적인 글 독해까지, 기본을 세우고 실력을 다질 수 있는 다양한 유형의 독해 글감과 핵심을 파고드는 문제들을 담고 있어요.

혹시 "글 속에 답이 있다!", "문제에 답이 있다!"라는 말을 들어 보았나요?
『기적의 독해력』 시리즈로 공부하면 여러분은 분명 그 해답을 쉽게 깨치게 됩니다.

잠깐, 쉽다고 대충 하지는 말아요! 글을 꼼꼼히 읽고 내가 잘 읽었는지 찬찬히 떠올리면서 문제까지 수월하게 해결해 나가는 게 가장 핵심이 되는 독해 비법이랍니다. 가끔 문제는 틀려도 돼요. 틀리면서 배우는 게 훨씬 많으니까요!
자, 머뭇거리지 말고 한번 시작해 보세요.

2021년 2월
기적학습연구소 국어팀 일동

독해력, 그것이 알고 싶다!

Q 독해력을 기르려면 무엇부터 해야 할까요?

A 다양한 글을 읽어야지요. 독해력은 하루아침에 길러지는 역량이 아닙니다. 하루에 한 편씩 짧은 글이라도 읽는 습관을 만들어 주는 것이 중요합니다. 또 자신이 읽은 글의 내용을 정리해 본다거나 한 문장으로 요약해 보는 습관을 기른다면 아주 효과적인 독해력 상승을 기대할 수 있습니다. 이 대목에서 '책 읽기'는 두말하면 입 아프겠지요? ^^;

Q 초등 입학 전에 독해 공부가 필요할까요?

A 초등학교에 입학해서 처음 보는 교과서는 기존에 봤던 그림책과는 구조와 수준이 달라서 급격하게 어려움을 느낄 수도 있습니다. 특히 문제 풀이에 어려움을 겪을 수 있으니 간단하고 짧은 글을 읽고, 내용을 이해했는지 가볍게 훑어보며 문제를 푸는 연습을 하면 초등 공부에 큰 도움이 될 것입니다.

Q 읽기는 하는데, 문제를 이해하지 못하는 것 같아요.

A 읽으면 바로 이해할 수 있는 쉬운 문제들도 있지만, 국어 개념이 바탕이 되어야 풀 수 있거나 보기를 읽고 두 번 세 번 확인해 봐야 답을 찾을 수 있는 독해 문제들도 많습니다. 문제를 이해하지 못한다는 것은 1차적으로는 그 문제를 출제한 의도를 파악하지 못하고 있다는 거고요. 그다음엔 어떻게 답을 찾아야 할지 방법을 모르고 있다는 것입니다. 독해도 일종의 기술이 필요한 공부거든요. 무턱대고 읽고 푼다고 해서 독해력이 생기는 것은 아닙니다. 글을 읽는 방법, 문제를 푸는 방법을 알고 있어야 보다 효과적으로 독해의 산을 넘을 수 있습니다.

Q 어휘력도 중요한 거 같은데, 어떻게 길러야 할까요?

A 어휘력은 독해력을 키우는 무기와 같습니다. 글을 잘 읽다가도 낯선 어휘에서 멈칫하거나 그 뜻을 파악하지 못해서 독해가 안되는 경우가 많거든요. 어휘력 역시 단번에 키우긴 어렵습니다. 그래서 독해 훈련을 통해 어휘력을 키우는 방법을 추천합니다. 글을 읽을 때 낯선 어휘를 만나면 문맥의 의미를 파악하는 연습을 꾸준히 하는 거죠. 그래도 모르는 낱말은 그냥 넘어가지 말고 국어사전을 찾아보는 습관을 들이세요.

Q 시중에 나와 있는 독해력 교재가 너무 많더라고요. 어떤 게 좋은 거죠?

A 단연 『기적의 독해력』을 꼽고 싶습니다만, 시중에 나와 있는 독해력 교재들이 모두 훌륭하더군요. 일단은 아이의 수준에 맞게 선택하는 게 가장 현명할 것입니다. 방법을 잘 몰라서 문제 풀이에 어려움을 겪는 친구들은 독해의 기본기를 다룬 쉬운 교재를, 어느 정도 독해가 가능한 친구들은 다양한 문제를 풀어 볼 수 있는 실전 교재를 선택해 보는 것이 좋습니다. (마침 『기적의 독해력』이 딱 그런 구성을 갖추고 있습니다.)

Q 『기적의 독해력』은 어떻게 바뀌었나요?

A 예비 초등(0학년)을 시작으로 6학년까지 학년별로 2권씩 구성되어 있습니다. 단계와 난이도가 종전보다 세분화되었는데요. 특히 독해 문제 풀이에 어려움을 겪는 친구들을 위해 독해 비법을 강화하여 독해의 기본기를 다진 후에 실전 문제로 실력을 완성시킬 수 있도록 구조화하였습니다.

기본편   실력편

기본편 은 독해의 시작이라 할 수 있는 기본서입니다. 학년별로 16가지의 독해 비법을 담고 있지요. 글의 종류에 따라 읽는 방법과 필수 유형 문제를 효과적으로 푸는 방법을 친절하게 안내하고 있어요.

실력편 은 독해의 완성이라 할 수 있는 실력서입니다. 교과 과정에 맞춘 실전 문제와 최상위 독해로 구성하여 앞서 배운 비법을 그대로 적용하면서 실력을 키울 수 있습니다.

Q 그럼 두 권을 같이 보나요?

A 독해 문제가 익숙하지 않은 친구는 기본편 으로 독해의 기초를 탄탄하게 쌓으면 되고요. 독해 문제가 익숙한 친구는 실력편 으로 단계를 올려서 실전에 대비하는 것도 필요합니다. 1학기는 기본편 으로, 2학기는 실력편 으로 촘촘하게 독해력을 키워 보는 것은 어떨까요?

Q 실력편 의 최상위 독해는 어떤 독해인가요?

A 최상위 독해는 복합 지문과 통합형 문제로 구성된 특별 코너입니다. 일반적인 독해가 단편적인 하나의 글을 읽고, 기본적인 문제를 풀어 가는 것이라면 실력편 5일 차에 수록된 복합 지문은 두 가지 이상의 글을 읽고 문제를 해결해야 하는 난이도가 높은 독해입니다. 같은 주제를 다루고 있는 두 편의 글이나 소재는 다르지만 종류는 같은 두 편의 글을 읽고, 통합 사고력 문제를 해결해야 해서 기존의 독해 문제보다는 조금 어려울 수 있습니다.
쉬운 글과 기본 문제만으로는 실력을 키우기 어렵지요. 자신의 수준보다 약간 어려운 문제도 해결하면서 실력을 월등하게 키워 나가길 바랍니다.

Q 『기적의 독서 논술』과는 어떤 차이가 있나요?

A 독해력이 모든 공부의 시작이라면, 독서 논술은 모든 공부의 완성이라 할 수 있습니다. 독해력이 단편적인 글을 읽고 이해하며 적용해 가는 훈련이라면, 독서 논술은 한 편의 긴 글을 읽고, 자신의 생각을 정리해서 표현해 보는 훈련 과정을 거치기 때문에 두 시리즈 모두 국어 실력 향상에는 꼭 필요한 교재랍니다. 한 학년에 독해력 2권, 독서 논술 2권이면 기본과 실력을 모두 갖추게 될 것입니다.

구성과 특징

1단계 독해 비법을 파악하라

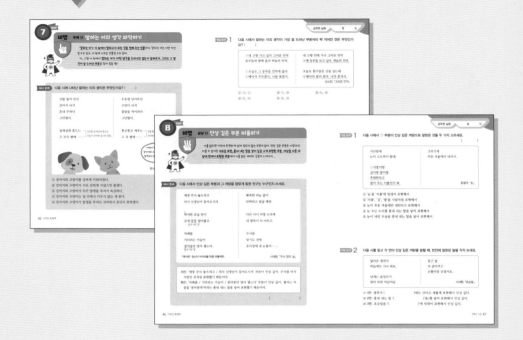

독해 비법

갈래별 4가지 독해 비법을 제시하였습니다.
'비법 걸'과 '비법 보이'의 설명에 따라 유형별 독해 비법을 꼭 확인하세요.

예시 문제

비법의 설명을 그대로 적용한 예시 문제를 풀어 보세요.
어떻게 풀어야 할지 감을 잡을 수 있어요.

연습 문제

비슷한 유형의 다른 문제를 풀면서 비법을 연습해 보세요.

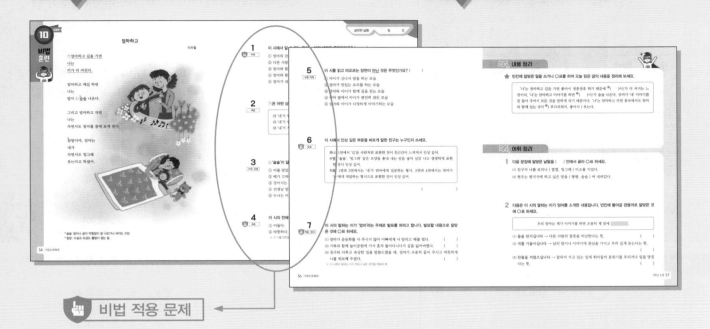

👆 비법 적용 문제

독 (讀) : 이야기, 시, 정보가 담긴 글, 의견이 담긴 글이 지문으로 제시됩니다. 다양한 분야의 글을 읽으면서 생각을 정리하고, 내용을 유기적으로 연결하는 훈련을 해 봅시다.

해 (解) : 글의 내용을 제대로 이해했다면 풀 수 있는 핵심적인 문제를 출제하였습니다. 앞서 배운 독해 비법(방패 표시)을 떠올리며 제시된 문제를 해결해 봅시다.

📝 내용 정리

글의 내용을 요약 정리합니다. 빈칸을 채우거나 알맞은 내용에 ◯표 하며, 독해를 마무리합니다.

🔍 어휘 정리

글에 나온 주요 어휘들을 문제로 정리합니다. 독해의 무기라 할 수 있는 어휘력도 빵빵하게 충전하세요.

⭐
낱말 미로
앞에서 학습한 어휘를 확인할 수 있도록 재미있는 퀴즈로 구성하였습니다.

초등 국어 독해 비법 **96** 커리큘럼 소개

『기적의 독해력』은 글의 종류를 문학(이야기, 시)과 비문학(정보가 담긴 글, 의견이 담긴 글)으로 나누고, 8가지 독해력 평가 원리를 바탕으로 글의 종류에 알맞은 독해 유형을 비법으로 제시하였습니다.
한 학년당 16가지 필수 독해 비법을 집중 훈련하고, 전 학년에 걸쳐 96가지 비법을 모두 터득하면 초등 공부에 필요한 독해력을 완성할 수 있습니다.

		1학년	2학년	3학년
이야기 창작 동화 전래 동화 명작 동화 생활문, 수필 극본	내용 이해	등장인물 파악하기	내용 이해 인물이 한 일 파악하기	내용 이해 가리키는 말의 내용 파악하기
	어휘·표현	시간(장소)을 나타내는 말 파악하기	짜임 일이 일어난 차례 파악하기	짜임 원인과 결과 파악하기
	추론	인물의 모습 짐작하기	추론 인물의 마음 짐작하기	추론 생략된 내용 짐작하기
	적용·창의	이어질 내용 상상하기	감상 인물에게 하고 싶은 말 떠올리기	감상 일어난 일에 대한 생각 떠올리기
시 동시 동요 현대시 시조	주제	무엇에 대한 시인지 파악하기	주제 중심 글감 파악하기	주제 말하는 이의 생각 파악하기
	어휘·표현	흉내 내는 말 파악하기	어휘·표현 반복되는 말 파악하기	추론 분위기 파악하기
	추론	시에 나타난 마음 짐작하기	감상 비슷한 경험 떠올리기	감상 인상 깊은 부분 떠올리기
	감상	장면 떠올리기	적용·창의 표현 바꾸어 쓰기	적용·창의 말하는 이의 생각 적용하기
정보가 담긴 글 설명문 안내문, 기행문 전기문, 기사문 견학 기록문 조사 보고서	주제	중심 낱말 파악하기	주제 제목 붙이기	주제 중심 문장과 뒷받침 문장 파악하기
	내용 이해	설명 대상의 특징 파악하기	내용 이해 알게 된 내용 정리하기	내용 이해 사실과 의견 구별하기
	짜임	주요 내용 정리하기	짜임 중요한 내용 정리하기	어휘·표현 낱말의 관계 파악하기
	추론	알맞은 낱말 짐작하기	추론 알맞은 내용 짐작하기	짜임 글의 내용 간추리기
의견이 담긴 글 논설문 연설문, 광고 편지, 토론 제안하는 글 부탁하는 글	주제	글쓴이의 생각 파악하기	주제 글을 쓴 까닭 파악하기	주제 주장 파악하기
	내용 이해	글의 내용 파악하기	내용 이해 생각을 뒷받침하는 내용 파악하기	내용 이해 문제 상황 파악하기
	비판	글쓴이의 생각 판단하기	어휘·표현 표현의 의미 파악하기	추론 문장의 의미 짐작하기
	적용·창의	글쓴이의 생각 적용하기	비판 글쓴이의 생각과 내 생각 비교하기	비판 근거의 적절성 평가하기

독해력 평가 8원리

| 1 주제 | 2 내용 이해 | 3 어휘·표현 | 4 짜임 | 5 추론 | 6 비판 | 7 감상 | 8 적용·창의 |

4학년		**5학년**		**6학년**	
주제	주제 파악하기	주제	인물이 추구하는 가치 파악하기	내용 이해	인물의 갈등 파악하기
내용 이해	인물, 사건, 배경 파악하기	내용 이해	작품 이해하기	어휘·표현	속담, 사자성어, 관용어 알기
추론	인물의 성격 파악하기	추론	시대 상황 추론하기	짜임	이야기의 짜임 파악하기
적용·창의	인물의 생각 적용하기	감상	인물의 생각 평가하기	추론	배경이 사건에 미치는 영향 파악하기
어휘·표현	감각적 표현 파악하기	내용 이해	내용 파악하기	주제	주제 파악하기
짜임	시의 짜임 파악하기	어휘·표현	비유적 표현 파악하기	내용 이해	작품 이해하기
추론	문장의 의미 추론하기	추론	말하는 이에 대해 추론하기	추론	함축적 의미 파악하기
감상	생각이나 느낌 떠올리기	적용·창의	시 바꾸어 쓰기	적용·창의	작품 비교하기
주제	글의 중심 생각 파악하기	어휘·표현	다의어, 동형어 알기	내용 이해	글의 특징 파악하기
어휘·표현	헷갈리기 쉬운 낱말 구분하여 쓰기	짜임	설명 방법 파악하기	어휘·표현	호응 관계에 맞게 문장 쓰기
짜임	설명하는 글의 짜임 파악하기	추론	어울리는 자료 짐작하기	짜임	짜임 파악하기
추론	뒷받침 문장 짐작하기	비판	글의 신뢰성 판단하기	적용·창의	자료 적용하기
주제	글의 제목 정하기	어휘·표현	적절한 표현으로 바꾸어 쓰기	주제	글쓴이의 관점 파악하기
짜임	주장하는 글의 짜임 파악하기	짜임	근거를 든 방법 파악하기	추론	글의 내용을 바탕으로 추론하기
추론	주장에 어울리는 근거 찾기	추론	짜임에 맞게 내용 예측하기	비판	글쓴이의 관점 비판하기
비판	뒷받침 문장의 적절성 평가하기	비판	내용의 타당성 판단하기	적용·창의	새로운 상황에 적용하기

차례

⭐ 의견이 담긴 글

출처

글

22쪽 「엉망진창 갯벌 여행」 | 왕입분 | 2021

30쪽 「우리 집 물펑펑 공주」 | 왕입분 | 2021

＊그 외 작품은 한국문학예술저작권협회, 한국문예학술저작권협회의 동의를 얻어 책에 실었습니다.

이미지

132쪽 「머그잔을 잡으면 모두가 좋아요」 | 한국방송광고진흥공사 | 2014

＊위에 제시되지 않은 이미지는 사용료를 지불하고 셔터스톡 코리아에서 대여했음을 밝힙니다.

＊길벗스쿨은 이 책에 실린 모든 글과 이미지의 출처를 찾기 위해 최선의 노력을 기울였습니다.
　저작권자를 찾지 못해 허락을 받지 못한 글과 이미지는 저작권자가 확인되는 대로 통상의 사용료를 지불하겠습니다.

이야기

우리가 자주 읽는 전래 동화, 창작 동화, 생활문 등은 모두 이야기예요. 이야기에는 여러 인물이 등장하여 사건을 일으키지요. 이야기는 누가 등장하는지, 언제 어디에서 어떤 사건이 일어나는지 등을 알아보고, 인물의 마음과 성격을 파악하며 읽어야 해요.

비법

내용 이해 >> 가리키는 말의 내용 파악하기

빨간 모자를 쓰고 있는 저 남자아이가 누구니?

'이, 그, 저, 이것, 그것, 저것' 등을 가리키는 말이라고 해. 이런 말들이 나오면 앞뒤 내용을 잘 읽고 그것에 대하여 말한 내용을 찾아야 해. 가리키는 말 대신 찾은 내용을 넣어서 문장이 자연스럽게 연결되면 끝!

예시 문제 ⊙'그 모습'이 가리키는 것은 무엇인가요? (   )

"선비님, 나를 안 만났으면 큰일 날 뻔하였소."

"참으로 고맙소이다. 그런데 만약 당신보다 힘센 산적이 나타났더라면 어쩔 뻔하였소?"

선비의 말에 농부가 뽀로통한 표정을 지으며 대답했다.

"어허, 무슨 소리요? 이 나라에 나보다 힘센 사람은 없소."

선비는 빙그레 웃더니, 옆에 있던 커다란 바위를 한 손으로 번쩍 들어 올렸다.

"뭐, 그까짓 바위쯤이야."

농부는 먼저 한 손으로 바위를 들어 보려고 하였다. 그러나 바위는 꿈쩍도 하지 않았다. 그래서 이번에는 두 손으로 바위를 들어 올리려고 안간힘을 써 보았지만 소용이 없었다.

선비는 ⊙그 모습을 한참 지켜보다가 말을 타고 천천히 사라졌다.

'그 모습'은 농부의 어떤 모습을 가리키는지 앞 문장에서 찾아봐.

「힘센 농부」 중에서

① 농부가 산적과 싸우는 모습

② 농부가 힘자랑한 것을 후회하는 모습

③ 농부가 산적에게 목숨을 잃을 뻔한 모습

④ 농부가 바위를 한 손으로 들어 올리는 모습

⑤ 농부가 바위를 들어 올리려고 안간힘을 쓰는 모습

연습 문제 1

㉠'이 소문'이 가리키는 것은 무엇인지 빈칸에 알맞은 말을 쓰세요.

> '공양미 삼백 석을 부처님께 바치면 아버지 눈을 뜨게 해 드릴 수 있다는데, 당장 쌀 한 톨도 없으니…….'
>
> 심청은 눈먼 아버지를 생각하며 눈물로 하루하루를 보냈습니다.
>
> 그러던 어느 날, 마을에 이상한 소문이 돌았습니다.
>
> "뱃사공들이 바다에 *제물로 바칠 처녀를 찾고 있대요. 스스로 인당수에 몸을 던진 처녀에게 쌀 삼백 석을 준다고 해요."
>
> ㉠이 소문을 들은 심청은 뱃사공들을 찾아갔습니다.
>
> 「심청전」 중에서
>
> *제물: 다른 사람이나 어떤 목적을 위해 해를 입거나 남에게 바쳐진 물건이나 사람.

➡ 인당수에 몸을 던진 처녀에게 (   )는 것

연습 문제 2

㉠'그것'과 ㉡'이것'이 가리키는 것을 찾아 알맞게 선으로 이으세요.

> 한 부지런한 농부에게 게으른 세 아들이 있었어요.
>
> "애들아, 나는 이제 곧 세상을 떠날 것 같구나. 포도밭 속에 보물을 숨겨 놓았단다. 내가 죽으면 ㉠그것을 찾아서 셋이 나누어 갖도록 해라."
>
> 아버지가 돌아가시자마자 삼 형제는 온종일 포도밭의 땅을 파헤치기 시작했어요. 하지만 아무리 파 보아도 보물은 나오지 않았어요.
>
> 계절이 바뀌어 어느덧 여름이 되었어요. 포도나무에 포도가 주렁주렁 열렸어요. 삼 형제는 포도를 팔아 많은 돈을 벌 수 있었어요.
>
> "아버지가 남기신 보물이 바로 ㉡이것이었구나."
>
> 삼 형제는 그제서야 아버지께서 하신 말씀의 의미를 알게 되었어요.
>
> 이솝, 「아버지의 포도밭」 중에서

(1) ㉠ 그것 •   • ㉮ 포도나무에 주렁주렁 열린 포도

(2) ㉡ 이것 •   • ㉯ 포도밭 속에 숨겨 놓은 보물

비법 짜임 >> 원인과 결과 파악하기

바람이 세게 불어서
원인

모자가 날아갔다.
결과

바람이 세게 불었기 때문에 모자가 날아간 거야. 이처럼 어떤 일이 일어난 까닭을 '원인', 그로 인해 벌어진 일을 '결과'라고 해. 마찬가지로 글 속에서도 **먼저 일어난 일이 원인이 되고, 그 뒤에 일어난 일이 결과**가 되는 거란다.

예시 문제 욕심쟁이 할아버지가 갓난아기가 된 원인은 무엇인가요? (   )

이튿날, 착한 할아버지는 할머니를 그 샘으로 데려갔어요. 샘물을 마신 할머니도 젊어졌어요.

같은 동네에 살던 욕심쟁이 할아버지도 이 소문을 듣고 부리나케 산속으로 갔어요. 욕심쟁이 할아버지는 더 젊어지고 싶다는 마음에 샘물을 벌컥벌컥 마시고 또 마셨어요.

<u>해가 졌는데도 욕심쟁이 할아버지가 돌아오지 않자,</u> <u>착한 할아버지 부부는 산속으로
먼저 일어난 일(원인)   그 뒤에 일어난 일(결과)
욕심쟁이 할아버지를 찾으러 갔어요.</u>

"아이고, 이걸 어째!"

착한 할아버지는 한숨을 내쉬었어요. 샘가에 웬 아기가 누워 "으앙으앙!" 울고 있었어요. 커다란 옷을 입은 아기였어요. <u>욕심쟁이 할아버지가 샘물을 너무 많이 마셔서</u> <u>갓난
먼저 일어난 일(원인)
아기가 된 것이에요.</u>
그 뒤에 일어난 일(결과)

"영감, 마침 우리 부부에게 자식이 없으니 우리가 데려다 길러요."

착한 할아버지 부부는 아기를 안고 집으로 돌아왔어요.   「젊어지는 샘물」 중에서

① 착한 할아버지 부부가 젊어졌다.
② 착한 할아버지가 한숨을 내쉬었다.
③ 착한 할아버지 부부에게 자식이 없었다.
④ 욕심쟁이 할아버지가 부리나케 산속으로 갔다.
⑤ 욕심쟁이 할아버지가 샘물을 너무 많이 마셨다.

㉠의 결과로 생긴 일은 무엇인지 ○표 하세요.

> 학교 공부가 끝나고 집에 올 때 갑자기 비가 세차게 내렸다. 나는 우산이 없어서 비를 홀딱 맞았다. 집에 와서 보니 온몸이 다 젖어 있었다. 저녁이 되자 ㉠몸에서 열이 나기 시작했다. 엄마가 주신 해열제를 먹고 나서야 열이 내렸다.
> 아침에 우산을 챙겨 가라는 엄마 말씀을 깜빡 잊고 학교에 간 것이 후회되었다.

(1) 비가 내렸다. (　　　) 　　(2) 우산이 없었다. (　　　)

(3) 해열제를 먹었다. (　　　) 　　(4) 비를 홀딱 맞았다. (　　　)

착한 농부와 욕심 많은 농부가 한 일을 원인과 결과에 맞게 선으로 이으세요.

> "임금님, 별것은 아니지만 참외 농사 십 년 만에 이렇게 커다란 참외는 처음 본지라 임금님께 바치려고 합니다."
> "이렇게 귀한 것을 나에게 주다니 참으로 고맙구나."
> 임금님은 농부의 마음이 착하다며, 참외만 한 금덩이를 선물로 주었습니다.
> 며칠 뒤, 이웃 마을에 사는 욕심쟁이 농부가 이 소문을 들었습니다.
> '황소 한 마리를 임금님께 바치면 황소만 한 금덩이를 주시겠지?'
> 욕심 많은 농부는 한 마리밖에 없는 황소를 임금님께 바쳤습니다.
> "여봐라, 이 농부에게 줄 선물로는 무엇이 있느냐?"
> "네, 전하! 며칠 전에 한 농부가 바친 커다란 참외가 있사옵니다."
> 임금님은 욕심 많은 농부에게 황소의 눈만 한 큰 참외를 선물로 주었습니다.
>
> 「참외와 황소」 중에서

(1) 착한 농부가 커다란 참외를 임금님께 바쳤다. ・　　　　・ ㉮ 황소 눈만 한 참외를 선물로 받았다.

(2) 욕심 많은 농부가 황소를 임금님께 바쳤다. ・　　　　・ ㉯ 참외만 한 금덩이를 선물로 받았다.

비법 추론 ≫ 생략된 내용 짐작하기

퍼즐 잘 맞추지? 글 속에서 생략된 내용을 짐작할 때에는 퍼즐 맞추기처럼 전체 내용을 파악하는 게 필요해. 그런 다음 앞뒤를 살펴서 생략된 내용을 짐작할 수 있는 실마리(단서)를 찾아야겠지. 이때 자신이 경험한 것이나 알고 있는 지식을 총동원하도록!

예시 문제 다음 빈칸에 들어갈 내용으로 알맞은 것에 ○표 하세요.

날마다 등에 짐을 잔뜩 지고 다니는 당나귀가 있었어요. 어느 날, 당나귀는 무거운 소금 자루를 짊어지고 강물을 건너다가 그만 발을 헛디뎌 물에 빠지고 말았어요.

강물에서 나온 당나귀는 깜짝 놀랐어요. 소금이 강물에 녹아 짐이 훨씬 가벼워진 거예요.
<small>소금은 강물에 녹는다는 것을 알 수 있음.</small>

"이 덤벙대는 녀석아, 너 때문에 소금이 반으로 줄었잖아!"

당나귀 주인은 시장에서 소금을 판 돈으로 솜을 샀어요.

당나귀는 솜뭉치가 소금보다 크기는 더 컸지만 훨씬 가벼워서 기분이 좋았어요. 하지
<small>솜은 크기에 비해 무게가 적게 나간다는 것을 알 수 있음.</small>
만 더 편하게 가고 싶은 생각이 들었어요. 이윽고 강물에 들어선 당나귀는 일부러 발을 헛디딘 척하며 물에 빠져 버렸어요.

주인이 화가 나서 버럭 소리를 지르자 당나귀는 그제야 일어나려고 몸을 일으켰어요.

그런데 ▓▓▓▓▓▓▓▓▓▓▓▓

'좀 더 편하게 가려다 이게 무슨 꼴이람! 내 꾀에 내가 넘어갔어.'
<small>당나귀는 솜도 강물에 젖으면 녹을 것이라고 생각함.</small>

이솝, 「소금을 나르는 당나귀」 중에서

(1) 새하얀 솜뭉치가 더러워져서 쓸모가 없게 된 거예요. ( )
(2) 가벼운 솜뭉치가 강물에 녹아 버려서 흔적도 없이 사라진 거예요. ( )
(3) 가벼워질 줄 알았던 솜뭉치가 더 무거워져 일어날 수가 없는 거예요. ( )

연습 문제 1 다음 빈칸에 들어갈 아빠의 말씀으로 알맞은 것은 무엇일까요? (   )

> 요즘 아빠 때문에 속상하다. 아빠는 항상 아빠 생각만 옳다고 말씀하신다. 내가 의견을 내면 "형호야, 그건 아니지. 이렇게 해야 더 좋은 거야."라고 말씀하시면서 내 말을 무시하신다. 여동생과 다툼이 생겼을 때도 "▨▨▨▨▨▨▨▨▨▨▨" 라고 말씀하신다. 동생이 먼저 내가 아끼는 물건을 망가뜨려서 화를 낸 건데, 아빠는 왜 싸웠는지 묻지도 않으시고 나만 무조건 나무라신다. 정말 억울하다.

① 아빠가 동생을 혼내 줄게.
② 우리 형호가 많이 속상했겠구나!
③ 무슨 일 때문에 다투게 된 거니?
④ 동생은 아직 어리니까 네가 양보해야지.
⑤ 너는 힘이 세고 용감하니까 동생이 참아야지.

연습 문제 2 다음 빈칸에 들어갈 내용으로 알맞은 것에 ○표 하세요.

> 목이 마른 까마귀 한 마리가 물을 찾아 숲속을 헤매고 다녔어요. 까마귀는 가까스로 물이 아주 조금 들어 있는 물병 하나를 찾아냈어요.
> 까마귀는 부리를 물병 안으로 밀어 넣어 보았지만 부리가 커서 물병 입구에 딱 걸리고 말았어요.
> "아! 무슨 좋은 방법이 없을까?"
> 까마귀는 주변을 둘러보았어요. 그때, 바닥에 떨어져 있는 작은 돌멩이들이 눈에 들어왔어요. 까마귀는 ▨▨▨▨▨▨▨▨▨▨▨▨▨ 마침내 물병 입구까지 물이 차올랐어요. 까마귀는 부리를 물병에 넣고 물을 마시기 시작했어요.
>
> 이솝, 「지혜로운 까마귀」 중에서

(1) 돌멩이를 주워서 물병을 깨뜨렸어요.   (   )
(2) 부리를 돌멩이에 대고 작아질 때까지 갈았어요.   (   )
(3) 돌멩이들을 주워서 하나씩 물병 안으로 집어넣었어요.   (   )

비법 감상 》 일어난 일에 대한 자신의 생각 떠올리기

일단, 인물이 어떤 일을 하였는지 확인하는 게 먼저야. 그런 다음에 **인물이 한 일과 그 일을 한 까닭이 드러난 부분**을 찾아 밑줄을 그어 봐. 밑줄 그은 부분에서 **인물에게 본받을 점이나 아쉬운 점, 나의 각오나 다짐** 등을 솔직하게 말하면 돼.

예시 문제 처녀가 한 일에 대한 자신의 생각을 알맞게 말한 친구에게 ○표 하세요.

올해도 어김없이 처녀를 제물로 바치는 날이 돌아왔습니다. 때마침 마을을 지나던 청년이 처녀를 위해 이무기를 물리치겠다고 나섰습니다.

"내가 이무기를 물리치고 살아 돌아오면 배에 흰 깃발이 꽂혀 있을 것이고, 죽어서 돌아오면 붉은 깃발이 꽂혀 있을 것이오. 살아 돌아오면 그때 당신을 아내로 맞이하고 싶소."

청년이 바다로 떠난 뒤, 처녀는 청년이 무사히 돌아오기만을 기도했습니다.
청년에 대한 처녀의 마음을 알 수 있음.

드디어 청년의 배가 백 일 만에 돌아왔습니다. 그런데 배에는 붉은 깃발이 꽂혀 있었습니다. 처녀는 슬픔을 이기지 못하고 그만 바다에 몸을 던졌습니다.
처녀는 청년을 따라 죽음.

잠시 뒤, 배에서 청년이 걸어 나왔습니다. 청년은 흰 깃발에 이무기의 피가 묻어 깃발이 붉게 변한 것을 처녀가 죽은 뒤에서야 알게 되었습니다.

청년은 슬퍼하며 처녀를 양지바른 곳에 묻어 주었습니다. 이듬해 봄이 되자, 그 무덤에서 빨간 꽃 한 송이가 피어나 백 일 만에 졌습니다. 그때부터 사람들은 이 꽃을 '백일홍'이라고 부르게 되었답니다.

「백일홍 이야기」 중에서

(1) **재진**: 처녀는 청년과 결혼할 마음이 없었나 봐. 청년이 얼마나 싫었으면 바다에 몸을 던졌겠어. ( )

(2) **효정**: 처녀가 조금만 침착하게 사정을 알아보았더라면 두 사람이 행복해질 수 있었을 텐데 안타까워. ( )

연습 문제 1 늙은 농부가 한 일에 대한 자신의 생각이나 느낌을 알맞게 말하지 <u>못한</u> 친구에게 ×표 하세요.

> "검정소와 누렁소 중에서 어느 소가 일을 더 잘합니까?"
>
> 선비의 물음에 늙은 농부는 선비가 있는 곳까지 걸어오더니 목소리를 낮추어 선비의 귀에 입을 대고 소곤거렸어요.
>
> "검정소가 힘은 세지만, 말없이 일을 잘하기로는 누렁소가 낫지요."
>
> "그렇군요. 그런데 왜 굳이 귀에 대고 조심스럽게 말씀하십니까?"
>
> "아무리 짐승이지만 자기가 더 못하다고 이야기하는데 검정소의 기분이 좋을 리가 있겠습니까?"
>
> 이 말을 듣고 젊은 선비는 크게 깨달았어요.
>
> 「황희 정승과 두 마리 소」 중에서

(1) **경원:** 농부가 검정소를 하찮게 여기지 않으면 좋겠어. ( )

(2) **도현:** 말 못 하는 짐승까지 배려하는 농부의 마음을 본받고 싶어. ( )

(3) **재석:** 나도 농부처럼 남의 단점을 함부로 말하지 않겠다고 다짐했어. ( )

연습 문제 2 영준이는 글에 나오는 인물 중에서 누가 한 일에 대한 생각을 말하였는지 쓰세요.

> 미다스 왕은 술에 취해서 길에 쓰러져 있던 술의 신 디오니소스의 스승을 정성을 다해 모셨어요. 이 사실을 안 디오니소스는 미다스 왕에게 소원 하나를 말해 보라고 했어요. 미다스 왕은 더 큰 부자가 되고 싶었어요.
>
> "제 손에 닿는 모든 것을 황금으로 변하게 하는 능력을 주십시오."
>
> 미다스 왕이 손으로 만지면 모든 것이 황금으로 변했어요. 사랑하는 딸의 손을 잡는 순간, 딸도 그만 황금으로 변하고 말았어요. 미다스 왕은 디오니소스를 찾아가 황금으로 변하게 하는 능력을 없애 달라고 애원했어요.
>
> 「미다스의 손」 중에서

영준: 뒤늦게라도 자신의 어리석음을 깨달았으니 다행이야.

( )

*엉망진창 갯벌 여행

"싫어! ㉠이건 언니가 신던 거잖아! 나도 새 장화 신을 거야."

세영이가 아침부터 화가 잔뜩 났어요. 오늘은 갯벌로 가족 여행을 떠나는 날이거든요. 그런데 언니의 장화가 작아서 못 신게 되자 엄마는 언니 장화만 새로 사 온 거예요. 화가 난 세영이는 언니가 신던 장화는 절대 신지 않겠다고 고집을 부렸어요. 결국 세영이만 장화를 챙기지 못한 채 집을 나섰어요. 장화 때문에 실랑이를 하느라 10시가 되어서야 떠날 수 있었어요.

"*물때가 10시부터라고 했는데 너무 늦은 게 아닐까?"

엄마가 걱정스럽게 묻자 아빠도 한숨을 쉬었어요.

해변 근처에 다다르자 갯벌 여행 온 사람들로 도로는 이미 주차장이 되어 있었지요. 한 시간이나 지나서야 겨우 해변 주차장에 차를 세울 수 있었답니다.

그런데 짐을 꺼내려 트렁크를 열던 엄마가 깜짝 놀라 소리쳤어요.

"어머, 이를 어째? 장화에 신경 쓰다가 그만 호미를 놓고 왔네."

⎯⎯⎯⎯ ㉡ ⎯⎯⎯⎯ (으)로 체험장에서 *대여해 주던 호미도 장화도 모두 동난 상태였어요. 너무 늦게 도착한 탓이었지요. 결국 호미를 대신할 것을 급히 찾을 수밖에 없었어요.

아빠는 트렁크에 들어 있던 슬리퍼로, 엄마는 집에서 챙겨 온 나무젓가락으로 호미를 대신하기로 했어요. 언니와 세영이는 손으로 조개를 캐 보기로 했지요. 게다가 세영이는 장화도 없어 양말만 신고 가기로 했답니다.

"자, 조개 캐러 출발!"

㉢세영이네 가족은 신나게 갯벌로 들어갔어요. 하지만 얼마 지나지 않아 씩씩거리며 돌아 나올 수밖에 없었답니다. 아빠가 들고 간 슬리퍼는 망가지고 엄마의 나무젓가락은 부러지고 말았거든요. 언니는 손이 아프다고 난리였지요. 그런데 더 엉망인 건 바로 세영이였어요. ⎯⎯⎯⎯ ㉣ ⎯⎯⎯⎯

---

*엉망진창: 일이나 사물이 헝클어져서 갈피를 잡을 수 없을 만큼 결딴이 나거나 어수선한 상태를 강조하여 이르는 말.

*물때: 하루에 두 번씩 밀물과 썰물이 들어오고 나가고 하는 때.

*대여해: 물건이나 돈을 나중에 도로 돌려받기로 하고 얼마 동안 내어 주어.

1

내용 이해

㉠'이건'이 가리키는 것은 무엇인지 쓰세요.

(　　　　　　　　　　　　　　　)

2

짜임

다음과 같은 일이 일어난 원인으로 알맞은 것에 ○표 하세요.

> 세영이네 가족의 갯벌 여행이 엉망이 되었다.

(1) 아침에 너무 일찍 출발했다.　　　　　　　　　　　　　　(　　　)

(2) 집에서 장화랑 호미를 모두 잘 챙겨 왔다.　　　　　　　　(　　　)

(3) 세영이가 언니가 신던 장화를 신지 않겠다고 고집을 부렸다.　(　　　)

☆ 세영이네 가족이 호미를 빠뜨리게 된 원인이 무엇일지 생각해 봐.

3

어휘·표현

㉡에 들어갈 말로 알맞은 것을 골라 기호를 쓰세요.

> ㉮ 누워서 떡 먹기　　　㉯ 무소식이 희소식　　　㉰ 엎친 데 덮친 격

(　　　　　　　　　　　　　　　)

4

내용 이해

㉢에서 세영이네 가족의 마음은 어떻게 바뀌었나요? (　　　)

① 신나는 마음 → 반가운 마음

② 반가운 마음 → 부끄러운 마음

③ 반가운 마음 → 기쁘고 즐거운 마음

④ 신나는 마음 → 화나고 속상한 마음

⑤ 화나고 속상한 마음 → 신나고 기쁜 마음

5

㉣에 들어갈 말로 알맞은 것을 두 가지 고르세요. (   )

① 슬리퍼가 망가졌거든요.

② 나무젓가락이 부러지고 말았어요.

③ 조개껍데기에 손을 다치고 말았답니다.

④ 엄마가 언니 장화만 사 왔기 때문이에요.

⑤ 진흙에 빠진 발을 빼려다 양말이 벗겨지고 말았지요.

6

감상

세영이네 가족이 한 일에 대한 자신의 생각이나 느낌을 알맞게 말하지 <u>못한</u> 친구는 누구인지 쓰세요.

> 채희: 세영이는 가족과 함께 갯벌로 여행 가서 신나게 놀았구나.
>
> 지수: 세영이네 가족이 여행 갈 준비를 미리 해 두었더라면 갯벌 체험이 훨씬 즐거 웠을 거야.
>
> 수영: 만약 세영이가 고집을 부리지 않았다면 가족 여행이 이렇게 엉망이 되지는 않았을 거야.

(   )

7

적용·창의

세영이가 오늘 일기장에 쓸 내용으로 알맞은 것에 ○표 하세요.

(1) 내가 고집을 피우는 바람에 가족 여행이 엉망진창이 된 것 같아 미안했다.

(   )

(2) 엄마가 호미를 집에 놓고 와서 온 가족이 고생을 한 것 같아 서운했다.

(   )

(3) 엄마가 사 온 새 장화에서 나에 대한 사랑이 느껴져 흐뭇했다.

(   )

☆ 세영이가 오늘 겪었던 일들을 떠올리며 어떤 생각을 했을지 잘 살펴봐.

내용 정리

★ 빈칸에 알맞은 말을 넣어 오늘 읽은 글의 내용을 정리해 보세요.

> 세영이네 가족은 ❶(   )(으)로 가족 여행을 갔다. 그런데 ❷(   ) 때문에 실랑이를 하느라 ❸(   )까지 집에 놓고 왔다. 세영이네 가족은 너무 늦게 도착하는 바람에 호미도 장화도 대여하지 못했다. 대신할 물건을 급히 구해 갯벌로 들어갔지만, 엉망진창이 되어 다시 돌아 나올 수밖에 없었다.

어휘 정리

1 다음 문장에 알맞은 낱말을 (   ) 안에서 골라 ○표 하세요.

(1) 벽에 부딪쳐 자전거가 (망쳤다, 망가졌다).

(2) 만일을 대비하여 비상 약을 (챙겼다, 채웠다).

(3) 학생증이 없으면 책을 (대비해, 대여해) 주지 않는다.

2 빈칸에 알맞은 낱말을 ◦보기◦에서 찾아 쓰세요.

> ◦보기◦   급히   잔뜩   절대

(1) 앞으로는 (   ) 동생과 싸우지 않겠다고 다짐했다.

(2) 발자국 소리가 나자 아기 고양이가 (   ) 겁을 먹었다.

(3) 엄마는 외삼촌 전화를 받고 병원으로 (   ) 달려가셨다.

소금을 만드는 맷돌

옛날 어느 마을에 착한 농부가 살았어요. 농부가 밭에서 일을 하다가 맷돌을 발견했는데 무엇이든지 원하는 것을 척척 만들어 낼 수 있는 신기한 맷돌이었어요. 농부는 그 맷돌로 부자가 되었어요. 우연히 장터에 들렀다가 ㉠그 소문을 들은 도둑은 맷돌이 탐났어요.

그날 밤, 도둑은 농부네 집으로 살금살금 숨어 들어갔어요.

농부가 맷돌을 앞에 두고 "나와라, 밥!" 하고 외치면 밥이 술술 나오고, "멈춰라, 밥!" 하고 외치면 멈추었어요.

그 모습을 본 도둑은 농부가 잠들 때까지 기다렸다가 맷돌을 훔쳐 달아났어요.

도둑은 서둘러 바닷가로 달려갔어요. 배를 타고 먼 곳으로 가서 살 생각이었지요. 도둑은 맷돌을 배에 싣고 노를 저었어요.

어느새 바다 한가운데로 나가자, 도둑은 맷돌을 빨리 돌려 보고 싶었어요. 도둑은 귀한 소금을 만들어 내기로 했어요.

"나와라, 소금!"

도둑의 말이 끝나자마자 맷돌이 스르륵 돌기 시작하더니 하얀 소금이 쏟아져 나왔어요. 도둑은 노래를 부르며 *어깨춤을 추었지요.

"하하하! 난 이제 부자다!"

㉡소금은 금새 배를 가득 채웠어요. 배는 점점 더 무거워졌지요.

"이러다 배가 가라앉겠어. 이제 그만 멈춰야지."

그런데 ㉢도둑은 맷돌을 멈추게 하는 말이 생각나지 않았어요. 그러는 사이에 소금은 점점 더 높이 쌓였어요. 도둑은 어찌할 바를 몰랐지요. 곧 배가 기울어지기 시작하더니 꼬르륵 가라앉고 말았어요.

도둑이 훔친 맷돌은 지금도 멈추지 않은 채 바닷속에서 소금을 만들어 내고 있다고 해요. 그래서 바닷물이 지금처럼 짜다고 해요.

*장터: 많은 사람이 모여 물건을 사고파는 장이 서는 곳.
*어깨춤: 신이 나서 어깨를 위아래로 으쓱거리는 일. 또는 그렇게 추는 춤.

1

내용 이해

㉠'그 소문'이 가리키는 내용은 무엇인가요? (   )

① 농부가 장터에 들른다는 것

② 농부의 마음씨가 착하다는 것

③ 농부가 밭에서 열심히 일한다는 것

④ 농부가 맷돌을 만들어 낼 수 있다는 것

⑤ 농부가 신기한 맷돌로 부자가 되었다는 것

2

어휘·표현

㉡에서 맞춤법에 어긋난 낱말을 찾아 바르게 고쳐 쓰세요.

> 소금은 금새 배를 가득 채웠어요.

(   ) → (   )

3

추론

㉢과 같은 상황에서 도둑은 어떤 표정을 지었을까요? (   )

① 신나는 표정　　　　　　② 흐뭇한 표정

③ 외로운 표정　　　　　　④ 당황한 표정

⑤ 부끄러운 표정

☆ 도둑의 마음이 어떠했을지 짐작해 봐.

4

짜임

이 글의 내용으로 보아, 바닷물이 지금처럼 짜게 된 원인은 무엇인가요? (   )

① 도둑이 서둘러 바닷가로 달려갔다.

② 도둑이 맷돌을 돌리는 방법을 몰랐다.

③ 도둑이 농부의 맷돌을 훔쳐 달아났다.

④ 도둑이 배를 타고 바다 한가운데까지 나갔다.

⑤ 도둑이 맷돌을 멈추게 하는 말을 생각해 내지 못했다.

☆ 왜 맷돌이 지금까지 소금을 만들어 내고 있는지 생각해 봐.

5 **내용 이해** 이 글에 나오는 신기한 맷돌에 대한 설명으로 바르지 <u>않은</u> 것에 ×표 하세요.

(1) 농부가 밭에서 일을 하다 발견하였다. ( )

(2) 누구나 맷돌을 돌리면 원하는 것을 얻을 수 있다. ( )

(3) 나쁜 짓을 한 사람이 맷돌을 돌리면 맷돌이 멈추지 않는다. ( )

6 **감상** 도둑이 한 일에 대하여 자신의 생각을 알맞게 말한 친구는 누구인지 쓰세요.

> 동원: 도둑이 맷돌을 배에 싣고 바다 한가운데로 나가지 않았다면 소금을 얻을 수 없었을 거야.
>
> 성진: 도둑이 농부의 맷돌을 탐내고 욕심을 부리지 않았다면 바다에 빠져 죽지는 않았을 거야.
>
> 강희: 농부가 잠들 때까지 기다렸다가 맷돌을 훔쳐 달아난 것으로 보아 도둑은 겁이 많은 것 같아.

( )

7 **적용·창의** 착한 농부가 도둑에게 하고 싶은 말을 쓴 것입니다. 알맞은 것에 ○표 하세요.

(1) 네가 맷돌을 훔쳐 간 것은 내가 맷돌을 잘못 보관했기 때문이야. 난 이미 부자가 되었으니 다른 사람들에게 맷돌을 주어 소원을 이루게 해 주었어야 했어.

( )

(2) 넌 내가 발견한 신기한 맷돌을 훔쳐 가서 벌을 받은 거야. 다시 태어나면 남의 물건이나 재물을 탐내지 말고 땀 흘려 일하면서 정직하게 살아라.

( )

☆ 농부가 맷돌을 훔쳐 간 도둑에게 어떤 마음이 들었을지 생각해 봐.

📝 내용 정리

⭐ 빈칸에 알맞은 말을 쓰거나 ○표를 하여 오늘 읽은 글의 내용을 정리해 보세요.

> 도둑은 착한 농부가 잠든 사이에 무엇이든지 원하는 것을 만들어 내는 ❶(   )
> 을/를 훔쳤다. 바다 ❷(   )에 도착한 도둑은 맷돌을 돌려 소금이 나
> 오게 하였다. 소금이 계속 나와 배를 가득 채웠지만, 도둑은 맷돌을 ❸(돌리게, 멈추게)
> 하는 말이 생각나지 않았다. 그래서 결국 배는 가라앉았다.

🔍 어휘 정리

1 다음 문장에 알맞은 낱말을 (   ) 안에서 골라 ○표 하세요.

⑴ 복잡한 문제들이 (술술, 설설) 잘 풀려서 기분이 좋다.

⑵ 건물 입구에 들어서자 자동문이 (스르륵, 꼬르륵) 열렸다.

⑶ 엄마는 내가 먹고 싶은 요리를 (줄줄, 척척) 만들어 주신다.

2 밑줄 친 말과 바꾸어 쓸 수 있는 관용어에 ○표 하세요.   ┌→ 둘 이상의 낱말이 어울려 원래의 뜻과는 전혀 다른 새로운 뜻으로
　　　　　　　　　　　　　　　　　　　　　　　　　　　굳어져서 쓰이는 표현을 말해.

> 도둑은 맷돌을 멈추게 하는 말이 생각나지 않았어요. 그러는 사이에 소금은 점점 더
> 높이 쌓였어요. 도둑은 어찌할 바를 몰랐지요.

⑴ 발을 쭉 뻗었지요.　　　⑵ 발을 뚝 끊었지요.　　　⑶ 발을 동동 굴렀지요.

　(   )　　　　　　　　(   )　　　　　　　　(   )

우리 집 물펑펑 공주

"물펑펑 공주! 이제 그만 좀 씻고 나와. 물 아까워!"

엄마가 욕실 밖에서 주연이를 불렀어요. '물펑펑 공주'는 물을 펑펑 쓴다고 엄마가 붙여 준 주연이의 별명이에요. 목욕을 마치고 나온 주연이는 잔뜩 심통이 나 있었어요. 욕조에 물을 받아서 신나게 놀고 있던 참이었거든요.

"우리 집 물펑펑 공주가 목욕할 때 쓰는 물이면 ㉠저 아이들은 한 달은 쓰겠네."

거실에서 텔레비전을 보시던 아빠가 주연이를 보고 말씀하셨어요. 아빠는 아프리카 아이들의 이야기를 담은 *다큐멘터리 프로그램을 보고 계셨지요.

"내가 물을 쓰면 얼마나 쓴다고……."

주연이는 입을 삐죽거렸어요. 하지만 텔레비전 화면에 담긴 아프리카 아이들의 모습을 보고 주연이도 깜짝 놀라고 말았어요. 너무나 충격적이었거든요. 아이들은 물통을 들고 말라서 쩍쩍 갈라진 길을 한참 동안 걸어가서야 겨우 물을 구했지요. 그런데 아이들이 기뻐하면서 물통에 담는 그 물도 엄청 더럽고 *탁한 흙탕물이었답니다.

"저런 흙탕물을 왜 가져가는 거예요?"

"그야 먹고 ㉡씻는 데 쓰려는 거겠지."

"㉢저런 물을 먹는다고요?"

"물이 부족하니 어쩌겠어? 그 물이라도 먹지 않으면 살 수가 없는걸. 수도꼭지만 틀면 깨끗한 물이 콸콸 나오는 곳에서 사는 게 얼마나 감사한 일인지 이제 알겠니?"

아빠의 말씀을 듣고 나니 주연이는 물을 낭비하던 자신의 모습이 부끄러웠어요. 콧노래를 부르며 자신이 흘려 보낸 물을 저 아이들이 본다면 어떤 생각을 할지 상상해 보니 얼굴이 화끈 달아올랐지요.

＊다큐멘터리: 실제로 있었던 어떤 사건을 사실적으로 담은 영상물이나 기록물.
＊탁한: 액체나 공기 따위에 다른 물질이 섞여 흐린.

1

내용 이해

욕실에서 주연이가 한 일을 두 가지 고르세요. (   )

① 목욕을 했다.   ② 물청소를 했다.

③ 텔레비전을 봤다.   ④ 욕조에 물을 받아서 놀았다.

⑤ 물을 펑펑 쓰는 자신을 반성하였다.

2

내용 이해

㉠'저 아이들'은 누구를 말하는지 빈칸에 알맞은 말을 쓰세요.

(   ) 아이들

☆ 주연이가 목욕을 하고 나왔을 때 아빠가 무엇을 보고 계셨는지 글 속에서 잘 찾아봐.

3

어휘·표현

㉡'씬는'을 맞춤법에 맞게 고쳐 쓰세요.

(   )

4

추론

㉢을 말할 때 주연이의 마음은 어떠했을까요? (   )

① 부럽다.   ② 놀랍다.   ③ 두렵다.

④ 답답하다.   ⑤ 쓸쓸하다.

5 짜임 다음을 원인으로 하여 일어난 결과로 알맞지 <u>않은</u> 것에 ×표 하세요.

> 아프리카에는 물이 부족하다.

(1) 더러운 물이라도 마실 수밖에 없다.   (   )

(2) 수도꼭지만 틀면 깨끗한 물이 콸콸 나온다.   (   )

(3) 한참 동안 걸어가서야 겨우 물을 구할 수 있다.   (   )

      ☆ 아프리카에 물이 부족하기 때문에 일어난 일로 보기 어려운 것을 찾아봐.

---

6 감상 주연이가 한 일에 대한 자신의 생각을 알맞게 말한 친구는 누구인지 쓰세요.

> 지윤: '물펑펑 공주'라는 멋진 별명을 가진 주연이가 부러워.
>
> 찬우: 주연이는 물을 좋아하나 봐. 이다음에 커서 훌륭한 수영 선수가 되면 좋겠어.
>
> 미나: 주연이가 우리나라도 물 부족 국가라는 것을 알고 물을 좀 더 아껴 쓰면 좋겠어.

(   )

---

7 적용·창의 주연이의 성격이 다음과 같이 바뀐다면, 글의 내용이 어떻게 바뀔지 알맞은 것에 ○표 하세요.

> 고집이 세고 다른 사람의 말에 귀 기울이지 않는 성격

(1) 주연이가 용돈을 모아 아프리카 아이들을 돕는 일에 참여한다.   (   )

(2) 주연이가 물을 아껴 써야 하는 까닭을 잘 알면서도 물을 낭비한다.   (   )

(3) 주연이가 엄마한테 아프리카의 물 부족 문제를 해결할 수 있는 방법을 물어본다.

(   )

📝 내용 정리

⭐ 빈칸에 알맞은 말을 넣어 오늘 읽은 글의 내용을 정리해 보세요.

> '물펑펑 공주'라는 별명처럼 주연이는 욕실에서 물을 펑펑 쓰며 ❶(   )을/를
> 하고 나왔다. 아빠는 거실에서 텔레비전으로 ❷(   ) 아이들의 이야기
> 가 담긴 다큐멘터리 프로그램을 보고 계셨다. 물이 부족해 아이들이 ❸(   )
> 을/를 먹는다는 아빠의 말씀을 듣고 주연이는 물을 낭비하던 자신의 모습이 부끄러웠다.

🔍 어휘 정리

1 다음 문장에 알맞은 낱말을 (   ) 안에서 골라 ○표 하세요.

⑴ 미세 먼지 때문에 공기가 (맑다, 탁하다).

⑵ 유명 가수가 교통 사고를 당했다는 (충격적, 충동적)인 소식을 들었다.

⑶ 수진이는 엄마한테 휴대 전화를 사 달라고 저녁 내내 (고통, 심통)을 부렸다.

2 다음은 이 이야기에 나오는 주연이가 쓴 일기의 일부분입니다. 밑줄 친 부분과 관련 있는
관용어에 ○표 하세요.

> 아프리카 아이들이 흙탕물을 물통에 담는 장면을 보고 처음에는 솔직히 더럽다고 생
> 각했다. 하지만 아빠의 말씀을 듣고 나서 내 모습을 돌아보니 부끄럽기도 하고 <u>마음이
> 너무 아팠다.</u>

⑴ 가슴이 넓다 (   )   ⑵ 가슴을 열다 (   )

⑶ 가슴이 뜨겁다 (   )   ⑷ 가슴이 아리다 (   )

도서관에서 있었던 일

수업을 마치고 교실 문을 나서는데 다현이가 다정한 목소리로 나를 불렀다.

"지민아, 도서관에 같이 가지 않을래?"

마침 나도 도서관에 가는 길이었다. (㉠) 독서 감상문 쓰기 숙제가 있어서 책을 빌려야 하기 때문이다.

우리는 도서관 1층에 있는 어린이 열람실로 들어갔다. 그런 다음 책장에 꽂혀 있는 책들을 죽 둘러보면서 *눈을 끄는 책을 몇 권씩 꺼내 자리에 앉았다. (㉡) 책을 대강 훑어보고 빌려 갈 책을 정하는 게 좋겠다는 생각이 들었기 때문이다.

한참 책을 읽고 있는데 다현이가 말을 걸어왔다. 처음에는 작은 목소리로 소곤소곤 이야기했는데, 나중에는 목소리가 점차 커졌나 보다. 우리는 그것도 모르고 계속 이야기를 나누었다.

"학생들, 조금만 조용히 해 줄래요?"

도서관 *사서 선생님이 우리에게 오셔서 한마디 하셨다. ㉢그 말을 듣는 순간 얼굴이 빨갛게 달아올랐다.

나는 아무 일도 없었던 것처럼 고개를 푹 숙이고『왕자와 거지』를 읽었다. 그런데 책을 넘기다 보니 군데군데 연필로 낙서를 한 게 눈에 들어왔다. 누군가가 책에 낙서를 하고 그대로 *반납을 한 게 분명하다. 갑자기 이 책을 읽고 싶은 마음이 싹 달아났다.

책을 빌리고 도서관에서 나오면서 다현이에게 퉁명스럽게 말을 건넸다.

"다현아, 도서관에서 자꾸 말을 걸면 어떡해? 아까 너무 창피했잖아."

"미안해. 말소리가 그렇게 큰 줄 몰랐어."

집으로 돌아오는 내내 도서관에서 있었던 부끄러운 일이 자꾸 생각이 났다. 다음부터는 (㉣)

---

*눈을 끌다: 관심이 집중되다.
*사서: 도서관에서 책을 관리하는 일을 하는 사람.
*반납: 빌린 것이나 받은 것을 도로 돌려줌.

1

추론

㉠과 ㉡에 공통으로 들어갈 이어 주는 말은 무엇인가요? (   )

① 그래서   ② 그러나   ③ 그리고

④ 그런데   ⑤ 왜냐하면

☆ 뒷부분에 나오는 '~ 때문이다.'와 짝을 이루는 말을 찾아봐.

2

내용 이해

㉢'그 말'이 가리키는 것은 무엇인가요? (   )

① 책을 빌려 갈 수 없다.   ② 도서관에서 나가 달라.

③ 도서관 문 닫을 시간이다.   ④ 도서관에서 조용히 해 달라.

⑤ 책을 읽고 제자리에 꽂아 달라.

3

어휘·표현

다음에서 설명하는 낱말을 이 글에서 찾아 쓰세요.

> 도서관에서 빌린 책을 도로 돌려줌.

(   )

4

짜임

다음 일의 원인으로 알맞은 것에 ○표 하세요.

> 『왕자와 거지』 책을 읽고 싶은 마음이 달아났다.

(1) 책 내용이 흥미롭지 않았다.   (   )

(2) 친구 다현이가 자꾸 말을 걸었다.   (   )

(3) 책 군데군데에 연필로 낙서가 되어 있었다.   (   )

☆ 먼저 일어난 일이 원인이 되고, 그 뒤에 일어난 일이 결과가 돼.

5 추론

ⓔ에 들어갈 말로 알맞은 것의 기호를 쓰세요.

> ㉠ 책을 깨끗이 봐야겠다고 다짐했다.
> ㉡ 도서관에서 절대 떠들지 않겠다고 다짐했다.
> ㉢ 책을 빌리러 도서관에 자주 가야겠다고 결심했다.

(   )

☆ 지민이가 말한 도서관에서 있었던 부끄러운 일이 무엇인지 떠올려 봐.

6 감상

지민이가 한 일에 대한 자신의 생각이나 느낌을 바르게 말하지 <u>못한</u> 친구는 누구인지 쓰세요.

> 주승: 책에 낙서가 있다는 핑계를 대는 걸 보니 지민이는 책 읽는 것을 싫어하나
>   봐.
> 송이: 지민이가 다현이한테 조용히 하자고 처음부터 말했더라면 다현이도 조심했
>   을 거야.
> 동민: 다현이 혼자 떠든 것도 아닌데 지민이가 다현이한테 왜 말을 걸었냐고 퉁명
>   스럽게 말한 것은 좀 지나친 것 같아.

(   )

7 주제

이 글에서 말하고자 하는 중심 생각은 무엇인가요? (   )

① 독서를 하자.
② 고운 말을 사용하자.
③ 친구와 사이좋게 지내자.
④ 책을 읽고 독서 감상문을 쓰자.
⑤ 도서관에서 공공 예절을 지키자.

내용 정리

★ 빈칸에 알맞은 말을 쓰거나 ○표를 하여 오늘 읽은 글의 내용을 정리해 보세요.

'나'는 ❶(   ) 쓰기 숙제가 있어서 다현이와 함께 ❷(   )을/를 빌리러 도서관에 갔다. 어린이 열람실에서 책을 읽다가 다현이와 이야기를 나누었는데 목소리가 커지고 말았다. 도서관 사서 선생님한테 조용히 해 달라는 말을 듣고 정말 부끄러웠다. 다음부터는 도서관에서 ❸(떠들지, 책을 읽지) 않겠다고 다짐했다.

어휘 정리

1 빈칸에 알맞은 낱말을 ○보기○에서 찾아 쓰세요.

○ 보기 ○	사서	낙서	열람실

(1) 화장실 벽면에는 (   )(이)가 잔뜩 쓰여 있었다.

(2) 시험 기간이라서 (   )에 공부하는 학생들이 많다.

(3) 이모는 대학교 도서관에서 (   )로 일하고 계신다.

2 ○보기○의 밑줄 친 관용어의 뜻으로 알맞은 것에 ○표 하세요.

○ 보기 ○   나는 신발 가게에서 <u>눈을 끄는</u> 예쁜 구두를 발견했다.

(1) 관심이 쏠리는.   (   )

(2) 차마 볼 수 없는.   (   )

(3) 여러 번 보아서 익숙한.   (   )

앞에서 배운 낱말을 떠올려 보고, 퀴즈를 풀며 미로를 탈출해 보세요.

사람들 사이에 널리 퍼진 말이나 소식을 뜻하는 낱말은 무엇일까?

소문

소원

"지수는 걱정스러운 표정으로 ○○을 내쉬었어." 빈칸에 들어갈 말은?

한숨

감탄

"폭풍이 휩쓸고 지나간 마을은 ○○○○이 되고 말았어." 빈칸에 들어갈 말은?

엉망진창

흙이 많이 섞여서 흐려진 물을 뜻하는 낱말은 무엇일까?

흙탕물

진흙탕

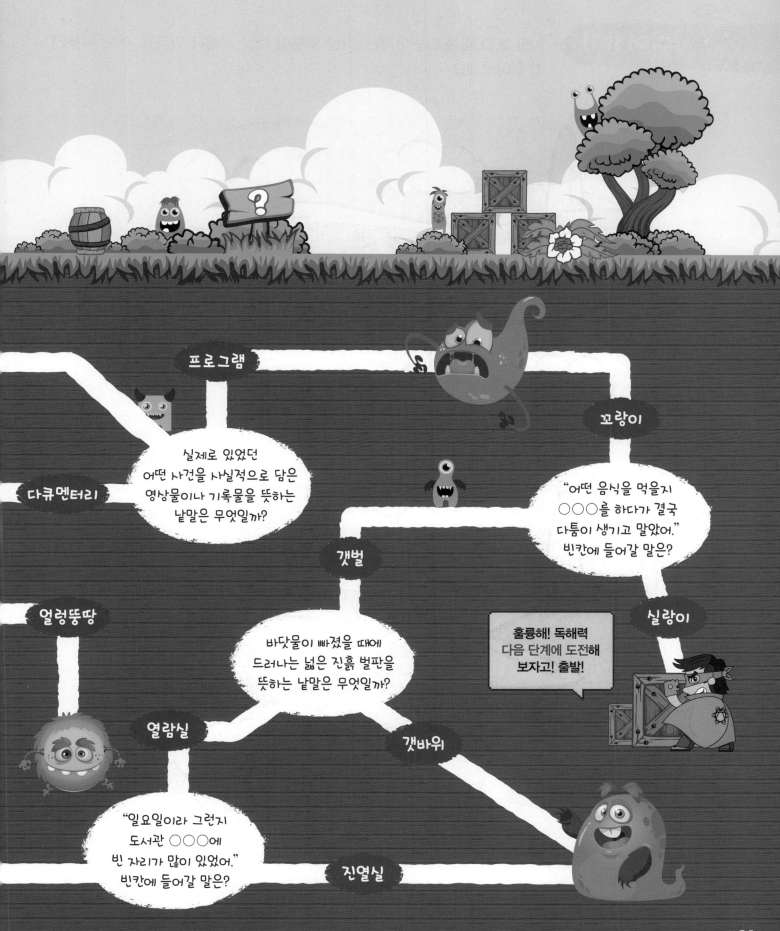

얼핏 보면 같은 그림이지만, 다른 부분이 다섯 군데나 있어요. 어느 부분인지 찾아보세요.

정답 및 해설 16쪽에서 확인하세요.

시는 글쓴이의 생각이나 느낌을 리듬감 있게 표현한 글이에요. 시의 리듬감은 반복되는 말과 일정한 글자 수에서 느낄 수 있지요. 시를 읽을 때 장면을 떠올리고 인물의 마음에 공감하며 읽으면 시의 재미와 즐거움을 더욱 깊이 느낄 수 있어요.

7 DAY

'말하는 이'는 시 속에서 말하고자 하는 것을 전해 주는 인물이야. 말하는 이는 시인 자신일 수도 있고, 시 속에 나오는 인물일 수도 있어.

자, 그럼 시 속에서 말하는 이가 어떤 생각을 드러내고 있는지 살펴보자. 그리고 그 생각이 잘 드러난 부분을 찾아 밑줄 쫙!

예시 문제 다음 시에 나타난 말하는 이의 생각은 무엇인가요? (   )

신발 물어 던진
강아지 녀석
혼내 주려다
그만뒀다.

살래살래 흔드는
고 꼬리 땜에……. ⌐꼬리를 살래살래 흔드는
모습이 귀여워 혼내지 못함.

우유병 넘어뜨린
고양이 녀석
꿀밤을 먹이려다
그만뒀다.

쫑긋쫑긋 세우는
고 귀 땜에……. ⌐귀를 쫑긋쫑긋 세우는 모습이
귀여워 혼내지 못함.

시에서 말하는 이가
강아지와 고양이를 어떻게
생각하고 있는지 살펴봐.

문삼석, 「그만뒀다」

① 강아지와 고양이를 강하게 키워야겠다.
② 강아지와 고양이가 서로 친하게 지냈으면 좋겠다.
③ 강아지와 고양이가 자꾸 말썽을 부려서 속상하다.
④ 강아지와 고양이는 집 안에서 키우지 않는 게 좋다.
⑤ 강아지와 고양이가 말썽을 부려도 귀여워서 혼내지 못하겠다.

연습 문제 1 다음 시에서 말하는 이의 생각이 가장 잘 드러난 부분끼리 짝 지어진 것은 무엇인가요? (　　　)

> ㉠내 고향 가고 싶다 그리운 언덕,
> 동무들과 함께 올라 뛰놀던 언덕.
>
> ㉡오늘도 그 동무들 언덕에 올라
> ㉢메아리 부르겠지, 나를 찾겠지.
>
> 내 고향 언제 가나 그리운 언덕,
> ㉣옛 동무들 보고 싶다, 뛰놀던 언덕.
>
> 오늘도 흰구름은 산을 넘는데
> ㉤메아리 불러 본다, 나만 혼자서.
>
> 강소천, 「그리운 언덕」

① ㉠, ㉡　　　　② ㉠, ㉣　　　　③ ㉡, ㉣

④ ㉢, ㉤　　　　⑤ ㉣, ㉤

연습 문제 2 다음 시에서 말하는 이는 '돌'을 보며 어떤 생각을 했는지 알맞은 것에 ○표 하세요.

> 가재를 품어 주고
> 물고기를 숨겨 주고,
>
> 징검돌도 되어 주고
> 빨랫돌도 되어 주고,
>
> 아무것도 바라지 않고
> 냇물 속에 엎드려서
>
> 모두를 위해 주는 돌
> 참으로 고마운 돌.
>
> 김종상, 「고마운 돌」

(1) 변신을 잘하는 모습이 부럽다.　　　　　　　　　　　　　　(　　)

(2) 힘들게 일하는 모습이 무척 안쓰럽다.　　　　　　　　　　(　　)

(3) 바라는 것 없이 모두를 위해 주어 고맙다.　　　　　　　　(　　)

비법

추론 >> **분위기 파악하기**

영화나 드라마를 보는 것처럼 <u>시를 읽으면 머릿속에 떠오르는 장면이나 전체적으로 느껴지는 느낌</u>이 있어. 그런 것을 <u>시의 분위기</u>라고 해.

<u>시의 배경, 시에 나타난 감각적 표현, 글감에 대한 말하는 이의 태도나 마음, 생각이나 느낌</u> 등을 통해 시의 분위기를 대략 알아차릴 수 있지.

예시 문제 다음 시에서 느껴지는 분위기로 알맞은 것은 무엇인가요? (   )

말없이
소리 없이
눈 내리는 밤.

누나도 잠이 들고
엄마도 잠이 들고

말없이
소리 없이
눈 내리는 밤.

나는 나하고 ─┐
           └─ 생각에 잠기고 싶다.
이야기하고 싶다.

> 눈 내리는 조용한 밤에 말하는 이가 무엇을 하고 있는지 생각해 보면 시의 분위기가 느껴질 거야.

강소천, 「눈 내리는 밤」

① 밝고 활기차다.　　　　　② 어둡고 무겁다.
③ 괴롭고 우울하다.　　　　④ 고요하고 평화롭다.
⑤ 시끄럽고 복잡하다.

연습 문제 **1** 다음 시를 읽은 느낌으로 알맞은 것에 ○표 하세요.

새가 나무 기둥에 동그란 집을 팠다. 나무는 눈 감고 새의 노래 듣는다.	새도 나무도 아침이 즐겁다. 유경환, 「아침 숲」

(1) 정답고 따뜻한 느낌이 든다.   (   )

(2) 차갑고 무서운 느낌이 든다.   (   )

(3) 쓸쓸하고 외로운 느낌이 든다.   (   )

연습 문제 **2** 다음 시에 나타난 '나'의 기분으로 알맞은 것을 두 가지 고르세요. (   )

아, 아아 소리치고 싶다. 날뛰며 까불고 싶다. 나에게 꼬리가 있다면 강아지 꼬리보다 더 바쁠 것이다. 더 설렐 것이다. 더 나부낄 것이다.	꼬리가 있대도 마침내는 붙어나지 않을 것이다. 내 생일 같은 날. 박경용, 「눈 오는 날」

① 신난다.   ② 괴롭다.   ③ 귀찮다.

④ 창피하다.   ⑤ 행복하다.

비법 감상 ≫ 인상 깊은 부분 떠올리기

시를 읽으면 기억에 뚜렷하게 남아 잊히지 않는 부분이 있어. 인상 깊은 부분은 사람마다 다를 수 있지만 <u>새로운 표현, 흉내 내는 말을 넣어 실감 나게 표현한 부분, 대상을 다른 대상에 빗대어 표현한 부분</u>에서 시를 읽는 재미와 감동이 느껴지지.

예시 문제 다음 시에서 인상 깊은 부분과 그 까닭을 알맞게 말한 친구는 누구인지 쓰세요.

예방 주사 놓으려고
의사 선생님이 들어오시자

*왁자한 교실 안이
금세 꽁꽁 얼어붙고
　　　　흉내 내는 말

차례를
기다리는 가슴이
콩닥콩닥 방아 찧는다.
　　　　흉내 내는 말

뾰족한 바늘 끝이
반짝하고 빛날 때면

다른 아이 비명 소리에
내 팔뚝이 더 아프고

주사를
맞기도 전에
유리창에 내 눈물이…….

*왁자한: 정신이 어지러울 만큼 떠들썩한.

서재환, 「주사 맞던 날」

서진: '예방 주사 놓으려고 / 의사 선생님이 들어오시자' 부분이 인상 깊어. 주사를 마치 사람인 것처럼 표현했기 때문이야.

효민: '차례를 / 기다리는 가슴이 / 콩닥콩닥 방아 찧는다.' 부분이 인상 깊어. 떨리는 마음을 '콩닥콩닥'이라는 흉내 내는 말을 넣어 표현했기 때문이야.

(　　　　　　　)

연습 문제 **1**   다음 시에서 ㉠ 부분이 인상 깊은 까닭으로 알맞은 것을 두 가지 고르세요.

(   )

> 지난밤에
> 눈이 소오복이 왔네.
>
> ㉠지붕이랑
> 길이랑 밭이랑
> 추워한다고
> 덮어 주는 이불인가 봐.
>
> 그러기에
> 추운 겨울에만 내리지.
>
> 윤동주, 「눈」

① '눈'을 '이불'에 빗대어 표현해서

② '지붕', '길', '밭'을 사람처럼 표현해서

③ 눈이 추운 겨울에만 내린다고 표현해서

④ 눈 오는 소리를 흉내 내는 말을 넣어 표현해서

⑤ 눈이 내린 모습을 흉내 내는 말을 넣어 표현해서

연습 문제 **2**   다음 시를 읽고 각 연이 인상 깊은 까닭을 말할 때, 빈칸에 알맞은 말을 각각 쓰세요.

> 얄미운 생쥐가
> 하늘에도 사나 봐요.
>
> 낮에는 숨었다가
> 밤만 되면 야금야금
>
> 둥근 달
> 다 갉아먹고
> 손톱만큼 남겼어요.
>
> 서재환, 「초승달」

(1) 1연: 생쥐가 (   )에도 산다고 새롭게 표현해서 인상 깊다.

(2) 2연: 흉내 내는 말 '(   )'을/를 넣어 표현해서 인상 깊다.

(3) 3연: 초승달을 '(   )'에 빗대어 표현해서 인상 깊다.

비법 적용·창의 >> 말하는 이의 생각 적용하기

말하는 이의 생각을 적용할 때에 따로 정해진 방법은 없어. 다만 말하는 이의 생각과 동떨어진 엉뚱한 내용을 말하면 안 돼. **말하는 이의 생각과 관련된 자신의 경험이나 비슷한 상황**을 떠올려 봐. 그리고 말하는 이의 생각을 다른 대상에 빗대어 표현해도 좋아.

예시 문제 다음 시를 읽고 말하는 이와 비슷한 느낌을 받았던 경험을 알맞게 말한 친구는 누구인지 쓰세요.

한 대학생 누나
너무 배고파
메추리알, 우유, 김치, 핫바
6,650원어치 훔쳤다고 한다.

설 때도 고향 집에
아무도 없는 누나,
누나의 가난을 ──── 말하는 이의
누가 훔쳐 갔음 좋겠다. 생각 ①

누나의 슬픔을 ──── 말하는 이의
누가 훔쳐 갔음 좋겠다. 생각 ②

이화주, 「누가 훔쳐 갔음 좋겠다」

소은: 편의점에서 아르바이트를 하는 고등학생 오빠가 한심하다는 생각이 들었어.
도현: 허리를 굽히고 하루 종일 빈 상자를 주우러 다니시는 할아버지가 안쓰럽다는 생각이 들었어.

(   )

연습 문제 1

다음 시를 읽고 말하는 이의 생각으로 발표 주제를 정할 때, 가장 알맞은 것은 무엇인가요? (   )

참새더러
가슴이 작다고
흉을 보지요.
그것은 몰라서 하는 소리.

참새 가슴이 커 봐요.
어떻게 하늘을
날 수 있겠어요.

우리가
하늘을 날 수 없는 건
보나마나
욕심으로 커진
가슴 때문일 거예요.

이성자, 「참새 가슴」

① 최선을 다하자.
② 욕심을 버리자.
③ 흉을 보지 말자.
④ 동물을 사랑하자.
⑤ 꿈을 크게 갖자.

연습 문제 2

다음 시를 읽고 '보금자리' 같은 엄마의 모습을 떠올려 말할 때, 말하는 이의 생각과 관련된 경험으로 알맞은 것의 기호를 쓰세요.

'어머니'
그 이름만으로도
우리 가족에겐
보금자리다.

우리는 날개를 접고
포근히 잠들 수 있는 새들이다.

엄기원, 「좋은 이름」

㉮ 내가 아팠을 때 밤새도록 옆에서 간호해 주셨던 일
㉯ 내가 몸이 불편한 친구를 놀렸을 때 눈감아 주셨던 일
㉰ 내가 동생과 다투었을 때 동생은 어리다며 나만 혼내셨던 일

(   )

빨래집게

민현숙

한번 입에 물면
놓아주지 않는다.

㉠개구쟁이 바람이
*바짓가랑이를 잡고 늘어져도

꽉 문 빨래
놓치지 않는다.

조그만 게
고 조그만 게
*덩치 큰
바람을 이긴다.

*바짓가랑이: 바지에서 다리를 넣는 부분.
*덩치: 몸의 크기나 부피.

1

주제

이 시의 중심 글감은 무엇인지 쓰세요.

(   )

2

내용 이해

이 시에 대한 설명으로 알맞지 <u>않은</u> 것은 무엇인가요? (   )

① 4연 10행으로 이루어져 있다.

② 모든 행의 글자 수가 일정하다.

③ 바람을 '개구쟁이'에 빗대어 표현하였다.

④ 사람이 아닌 것을 사람처럼 표현하였다.

⑤ 빨래집게와 바람이 한 일이 나타나 있다.

3

추론

이 시를 읽고 느낄 수 있는 분위기나 기분으로 알맞은 것은 무엇인가요? (   )

① 지루하다.   ② 쓸쓸하다.   ③ 활기차다.

④ 고요하다.   ⑤ 편안하다.

☆ 이 시에서 빨래집게와 바람이 한 일을 떠올려 봐.

4

주제

이 시에서 말하는 이가 전하려는 생각이 가장 잘 드러나 있는 연은 몇 연인지 쓰세요.

(   )

5 감상

㉠은 어떤 모습을 표현한 것인지 알맞은 것에 ○표 하세요.

(1) 바람이 세게 불어와 빨랫줄이 끊어지는 모습   (   )

(2) 빨랫줄에 널어놓은 바지가 땅에 떨어지는 모습   (   )

(3) 빨래집게를 꽂아 놓은 빨래가 바람에 날아가는 모습   (   )

(4) 바람이 불어 빨랫줄에 널어놓은 바지가 흔들리는 모습   (   )

6 감상

이 시에서 인상 깊은 부분과 그 까닭을 알맞게 말한 친구는 누구인지 쓰세요.

> 서진: '꽉 문 빨래 / 놓치지 않는다.'가 인상 깊어. 사투리를 사용해서 친근한 느낌이 들기 때문이야.
>
> 효민: '한번 입에 물면 / 놓아주지 않는다.'가 인상 깊어. 빨래집게를 마치 사람인 것처럼 표현했기 때문이야.

(   )

7 적용·창의

이 시에 나오는 '빨래집게'처럼 덩치는 작지만 큰일을 해내는 것으로 알맞지 <u>않은</u> 것은 무엇인가요? (   )

① 감기나 배탈이 났을 때 먹는 알약

② 더러워진 옷을 깨끗하게 빨아 주는 세탁기

③ 불빛으로 어두운 방 안을 밝게 비추어 주는 양초

④ 아주 적은 양으로도 음식의 맛을 변화시키는 소금

⑤ 멀리 있는 사람과 언제라도 이야기할 수 있는 휴대 전화

☆ 빨래집게처럼 크기는 작지만 사람에게 도움을 주거나 강한 힘을 가지고 있는 것을 떠올려 봐.

내용 정리

★ 빈칸에 알맞은 말을 쓰거나 ○표를 하여 오늘 읽은 글의 내용을 정리해 보세요.

❶(   )을/를 꽂아 놓은 빨래가 바람에 흔들린다. 바람은 세차게 불어 빨랫줄에 널어놓은 바지를 떨어뜨리려고 하고, 빨래집게는 빨래를 놓치지 않으려고 꽉 물고 있다. 조그만 빨래집게가 덩치 큰 ❷(   )을/를 이겨 내는 모습이 무척이나 ❸(대견스럽다, 실망스럽다).

어휘 정리

1 다음 문장에 알맞은 낱말을 (   ) 안에서 골라 ○표 하세요.

⑴ 냇가에서 물고기를 잡으려고 (바짓가랑이, 바짓가랭이)를 걷어 올렸다.

⑵ 내 동생은 학교에서도 소문난 (개구장이, 개구쟁이)여서 장난이 심하다.

2 다음은 이 시에 나오는 바람이 빨래집게의 모습을 보고 생각한 내용을 상상한 것입니다. 빈칸에 들어갈 관용어로 알맞은 것에 ○표 하세요.

'나처럼 강한 바람을   견뎌 내다니, 참으로 놀랍군.'

⑴ 손을 놓고 → 하던 일을 그만두거나 잠시 멈춘다는 뜻.   (   )

⑵ 꼬리를 감추고 → 어떤 표시나 흔적을 감추어 숨는다는 뜻.   (   )

⑶ 이를 악물고 → 힘에 겨운 일이나 어려운 상황을 헤쳐 나가려고 굳은 결심을 한다는 뜻.
(   )

엄마하고

박목월

㉠엄마하고 길을 가면
나는
키가 더 커진다.

엄마하고 얘길 하면
나는
말이 ㉡술술 나온다.

그리고 엄마하고 자면
나는
자면서도 엄마를 꿈에 보게 된다.

*참말이야, 엄마는
내가
자면서도 빙그레
웃는다고 하셨어.

* 술술: 말이나 글이 막힘없이 잘 나오거나 써지는 모양.
* 참말: 사실과 조금도 틀림이 없는 말.

1

주제

이 시에서 알 수 있는 말하는 이의 생각은 무엇인가요? (   )

① 엄마의 잔소리가 듣기 싫다.

② 다른 사람보다 말을 잘하고 싶다.

③ 엄마와 함께 있으면 항상 행복하다.

④ 엄마와 함께 멀리 여행을 떠나고 싶다.

⑤ 엄마가 내 말을 잘 들어 주셨으면 좋겠다.

2

추론

㉠은 어떤 상황을 말하는지 알맞은 것의 기호를 쓰세요.

> ㉮ '내'가 엄마 뒤에 숨어서 걸어가는 상황
>
> ㉯ '내'가 엄마보다 훨씬 앞에서 걸어가는 상황
>
> ㉰ '내'가 기분이 좋아서 껑충껑충 뛰면서 가는 상황

(   )

3

어휘·표현

㉡'술술'이 알맞게 쓰인 문장은 무엇인가요? (   )

① 비를 맞았더니 몸이 술술 떨렸다.

② 배가 고파서 배에서 술술 소리가 났다.

③ 강아지는 뼈다귀를 보고 침을 술술 흘렸다.

④ 선생님 말씀을 들으려고 귀를 술술 세웠다.

⑤ 누나는 어려운 질문에도 막힘없이 술술 대답하였다.

4

추론

이 시의 전체적인 느낌으로 알맞은 것은 무엇인가요? (   )

① 어둡다.   ② 답답하다.   ③ 불안하다.

④ 따뜻하다.   ⑤ 소란스럽다.

☆ 이 시를 읽었을 때 어떤 생각이나 느낌이 드는지 떠올려 봐.

5 **내용 이해**

이 시를 읽고 떠오르는 장면이 <u>아닌</u> 것은 무엇인가요? (   )

① 아이가 신나서 말을 하는 모습
② 엄마가 맛있는 요리를 하는 모습
③ 엄마와 아이가 함께 길을 걷는 모습
④ 엄마 옆에서 아이가 편안히 잠든 모습
⑤ 엄마와 아이가 다정하게 이야기하는 모습

6 **감상**

이 시에서 인상 깊은 부분을 바르게 말한 친구는 누구인지 쓰세요.

> 유나: 1연에서 '길'을 사람처럼 표현한 것이 친근감이 느껴져서 인상 깊어.
> 수영: '술술', '빙그레' 같은 모양을 흉내 내는 말을 넣어 실감 나고 생생하게 표현한 것이 인상 깊어.
> 지호: 1연과 3연에서는 '내'가 엄마에게 질문하는 형식, 2연과 4연에서는 엄마가 '나'에게 대답하는 형식으로 표현한 것이 인상 깊어.

(   )

7 **적용·창의**

이 시의 말하는 이가 '엄마'라는 주제로 발표를 하려고 합니다. 발표할 내용으로 알맞은 것에 ○표 하세요.

(1) 엄마가 운동화를 사 주시지 않아 아빠에게 사 달라고 떼를 썼다.   (   )
(2) 가족과 함께 놀이공원에 가서 혼자 돌아다니다가 길을 잃어버렸다.   (   )
(3) 친구와 다투고 속상한 일을 말씀드렸을 때, 엄마가 조용히 들어 주시고 따뜻하게 나를 위로해 주셨다.   (   )

☆ 이 시에서 말하는 이가 전하고 싶은 생각을 떠올려 봐.

📝 내용 정리

★ 빈칸에 알맞은 말을 쓰거나 ○표를 하여 오늘 읽은 글의 내용을 정리해 보세요.

'나'는 엄마하고 길을 가면 좋아서 껑충껑충 뛰기 때문에 ❶(   )이/가 더 커지는 느낌이다. '나'는 엄마하고 이야기를 하면 ❷(   )이/가 술술 나온다. 엄마가 '내' 이야기를 잘 들어 주셔서 모든 것을 말하게 되기 때문이다. '나'는 엄마하고 자면 꿈속에서도 엄마와 함께 있는 것이 ❸(부끄러워서, 좋아서) 웃는다.

🔍 어휘 정리

1 다음 문장에 알맞은 낱말을 (   ) 안에서 골라 ○표 하세요.

(1) 친구가 나를 보더니 (껄껄, 빙그레) 미소를 지었다.

(2) 현우는 편지지에 하고 싶은 말을 (쾅쾅, 술술) 써 내려갔다.

2 다음은 이 시의 말하는 이가 엄마를 소개한 내용입니다. 빈칸에 들어갈 관용어로 알맞은 것에 ○표 하세요.

우리 엄마는 제가 이야기를 하면 조용히 제 말에   .

(1) 돌을 던지십니다 → 다른 사람의 잘못을 비난한다는 뜻.   (   )

(2) 귀를 기울이십니다 → 남의 말이나 이야기에 관심을 가지고 주의 깊게 듣는다는 뜻.

(   )

(3) 찬물을 끼얹으십니다 → 잘되어 가고 있는 일에 뛰어들어 분위기를 흐리거나 일을 망친다는 뜻.   (   )

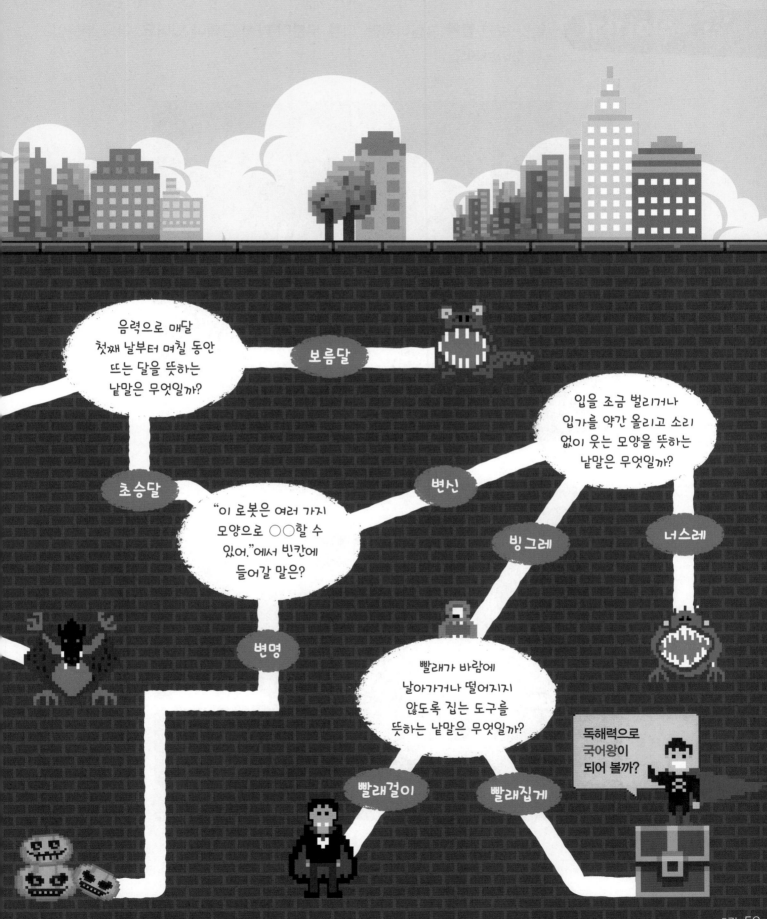

 얼핏 보면 같은 그림이지만, 다른 부분이 다섯 군데나 있어요. 어느 부분인지 찾아보세요.

정답 및 해설 16쪽에서 확인하세요.

정보가 담긴 글

정보가 담긴 글에는 설명하는 글, 기행문, 전기문, 기사문 등이 있어요. 읽는 이에게 정보를 주기 위해 쓴 글이지요. 정보가 담긴 글은 무엇에 대하여 어떤 정보를 주고 있는지 파악하며 읽어야 해요.

비법 주제 >> 중심 문장과 뒷받침 문장 파악하기

중심 문장은 문단의 내용을 대표하는 문장이야. 보통 문단의 첫머리에 있는 경우가 많아. 가끔씩 가운데, 끝에 있기도 하니까 우선 글을 꼼꼼하게 읽도록!

뒷받침 문장은 중심 문장을 자세하게 설명해 주는 문장이야. 중심 문장을 덧붙여 설명하거나 예를 들기도 하고, 중심 문장을 뒷받침하는 까닭을 들기도 해.

하나의 문단에 중심 문장은 한 개만 올 수 있지만, 뒷받침 문장은 여러 개가 올 수 있어.

예시 문제 ㉠~㉣을 중심 문장과 뒷받침 문장으로 구분하여 각각 기호를 쓰세요.

식물은 씨앗의 모양에 따라 씨를 퍼뜨리는 방법이 달라요. 식물이 어떻게 씨를 퍼뜨려서 생명을 이어 가는지 알아볼까요?
주제(중심 내용)

㉠민들레와 단풍나무는 바람에 씨가 날려서 퍼져요.
문단의 내용을 대표하는 문장 ①
『민들레는 우산같이 생긴 솜털 끝에 조그만 씨앗이 매달려 있어요. ㉡이 가벼운 솜털 덕분에 민들레 씨앗은 약한 바람에도 먼 곳까지 날아갈 수 있는 거예요. 단풍나무는 헬리콥터의 프로펠러처럼 납작하게 생긴 날개가 씨앗에 달려 있어요. 바람이 불면 이 날개가 뱅글뱅글 돌면서 멀리 날아가 씨를 퍼뜨려요.』『 』:㉠을 자세하게 설명해 주는 문장

▲ 민들레

㉢도깨비바늘과 도꼬마리는 사람의 옷이나 동물의 털에 씨가 달라붙어 퍼져요.
문단의 내용을 대표하는 문장 ②
『㉣이 식물들의 씨앗에는 가시나 갈고리 같은 것이 돋아 있어요. 이렇게 생긴 씨앗이 사람이나 동물이 지나갈 때 달라붙어 있다가 땅에 떨어져 씨를 퍼뜨리는 거예요.』『 』:㉢을 자세하게 설명해 주는 문장

▲ 도깨비바늘

(1) 중심 문장: (   )

(2) 뒷받침 문장: (   )

연습 문제 1 ㉠에 들어갈 중심 문장으로 알맞은 것에 ○표 하세요.

> '전자책'이라는 말을 한 번쯤은 들어 보았을 것이다. 전자책은 문자나 그림, 소리 등의 정보를 컴퓨터나 휴대 단말기 등에 저장하여 책처럼 이용할 수 있는 디지털 도서를 말한다. 전자책에는 어떤 장점이 있는지 알아보자.
>
> 첫째, ⎡   ㉠   ⎦ 종이책은 두껍고 무거워서 여러 권의 책을 한꺼번에 들고 다니기가 힘들다. 그러나 전자책은 스마트폰, 전자책 전용 단말기, 태블릿 PC 등에 수백 권의 책을 한꺼번에 담을 수 있기 때문에 가볍게 가지고 다니면서 언제 어디에서나 읽을 수 있다.

(1) 전자책은 가벼워서 들고 다니기에 편하다.   (   )

(2) 전자책은 종이책에 비해 가격이 훨씬 싸다.   (   )

(3) 전자책은 글자를 확대하거나 축소해서 볼 수 있다.   (   )

연습 문제 2 ㉠을 뒷받침하기에 알맞지 <u>않은</u> 문장을 찾아 기호를 쓰세요.

> ㉠숲을 잘 가꾸면 이로운 점이 많다. ㉮숲은 공기 중에 떠다니는 먼지와 오염 물질을 흡수하여 공기를 맑고 깨끗하게 해 준다. 또한 ㉯숲은 동물들이 살아가는 터전이 된다. 숲에서 자라는 풀과 나무들은 동물들의 먹이나 집이 되기 때문이다. ㉰숲에서 위험한 동물이 나타나기도 한다. ㉱숲은 홍수나 가뭄, 산사태 등의 피해를 막아 준다. 비가 오면 나무와 흙이 빗물을 흡수했다가 가뭄이 들면 물을 흘려보내 주고, 뿌리가 깊은 나무들이 산사태를 막는 역할을 하기도 한다.

(   )

비법 ✌ 내용 이해 >> 사실과 의견 구별하기

실제로 있었던 일을 '사실'이라고 하고, 사실에 대한 생각을 '의견'이라고 해.

┌─[사실]─┐
다람쥐가 도토리를 주웠다.

┌─[의견]─┐
아기 다람쥐가 참 귀엽다.

글에서 사실과 의견을 구별하는 방법이 있어. **한 일, 본 일, 들은 일을 나타낸 문장**은 '사실'이고, **생각이나 느낌을 나타낸 문장**은 '의견'이야.

예시 문제 ㉠~㉢을 사실과 의견으로 구별하여 각각 기호를 쓰세요.

지난 방학 때 나는 가족과 함께 경기도 용인에 있는 청계 목장에 다녀왔다. 나는 동물을 원래 좋아해서 동물에 대한 책도 많이 읽고 인터넷에서 사진도 즐겨 찾아본다. ㉠<u>때마침 어머니께서 목장 체험을 가자고 하셨다.</u> ㉡<u>책이나 사진으로만 보던 목장에 직접 가서 체험을 해 보는 것이 좋겠다고 생각했다.</u>
어머니께서 하신 일 / '나'의 생각

목장에 도착한 우리 가족은 제일 먼저 송아지에게 우유 주는 체험을 하러 갔다. 송아지에게 우유병을 갖다 대니까 힘차게 우유를 먹기 시작했다. ㉢<u>처음에는 송아지가 많이 무서웠는데 얌전하게 우유를 먹는 모습이 순하고 예뻐 보였다.</u>
'나'의 생각이나 느낌

다음으로 우리 가족은 한우에게 마른풀 주는 체험을 하러 *축사로 이동했다. ㉣<u>이곳에는 약 250마리의 한우가 모여 있는데, 하루 한 마리꼴로 송아지가 태어난다고 한다.</u> 소 앞에 마른풀을 가져다 놓으니 멀리 있던 소들도 우르르 몰려와서 우적우적 맛있게 먹었다.
축사에서 들은 일

*축사: 가축을 안에 두고 기르는 건물.

(1) 사실: (   )
(2) 의견: (   )

㉠~㉢ 중에서 의견에 해당하는 문장을 두 개 골라 기호를 쓰세요.

> 안녕하십니까? 날씨 정보입니다. ㉠현재 서울의 기온이 8도, 광주도 9도까지 떨어져 아침 날씨가 쌀쌀합니다. 그러나 기상청 예보에 따르면 ㉡낮에는 서울이 17도, 대구가 23도로 어제 낮 기온보다 최고 10도가량 올라가겠습니다. 전국 대부분 지역의 미세 먼지 농도가 높게 나타나겠습니다. ㉢오늘 바깥 활동은 피하시는 게 좋겠습니다. 당분간 비 소식은 없을 것으로 예상됩니다. ㉣아침저녁으로 일교차가 크니 감기에 걸리지 않도록 조심하시길 바랍니다.

(   )

다음 신문 기사를 읽고 알 수 있는 사실이 <u>아닌</u> 것에 ×표 하세요.

> 교육부는 2019년 초·중·고등학교 학생의 건강 검사 분석 결과를 발표하였습니다. 이 결과에 따르면, 학생 4명 중 1명은 과체중이거나 비만인 것으로 나타났습니다. 식사를 라면이나 햄버거로 때우고 땀이 날 정도의 신체 활동이 줄어들어 체중이 늘어난 것으로 분석하였습니다.
>
> 교육부는 균형 잡힌 영양 섭취와 바깥 놀이 중심의 비만 예방 프로그램을 개발하여 학생들의 건강 회복을 지원하겠다는 계획을 내놓았습니다.

(1) 학생 4명 중 1명은 과체중이거나 비만이다. (   )

(2) 패스트푸드 섭취가 늘어 학생들의 체중이 늘어났다. (   )

(3) 땀이 날 정도의 격렬한 신체 활동을 하는 학생들이 늘어났다. (   )

(4) 교육부는 2019년 초·중·고등학교 학생의 건강 검사 분석 결과를 발표하였다.

(   )

(5) 교육부는 비만 예방 프로그램을 개발하여 학생들의 건강 회복을 지원할 계획이다.

(   )

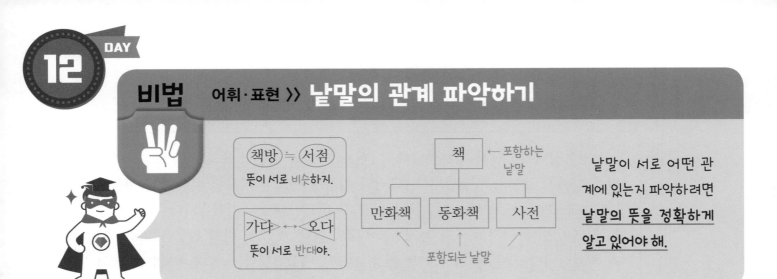

비법 어휘·표현 >> **낱말의 관계 파악하기**

책방 ≒ 서점
뜻이 서로 비슷하지.

가다 ↔ 오다
뜻이 서로 반대야.

책 ← 포함하는 낱말
├ 만화책 ├ 동화책 ├ 사전
포함되는 낱말

낱말이 서로 어떤 관계에 있는지 파악하려면 **낱말의 뜻을 정확하게 알고 있어야 해.**

예시 문제 다음 글에 나오는 낱말 중에서 ㉠'꿩'을 포함하는 낱말은 무엇인가요? (   )

"시치미를 뗀다고 누가 모를 줄 알아?"

이 말에서 '시치미를 떼다'라는 말이 어떻게 만들어졌는지 알아볼까요?

고려 시대의 왕족과 귀족들은 매를 길들여 ㉠꿩이나 토끼 등의 짐승을 사냥하는 것을 즐겼어요. 그런데 산속에서 매를 잡아 와 길들이는 일은 결코 쉬운 일이 아니었답니다. 그래서 길들여진 사냥매가 아주 비싼 값에 거래되었고 이것을 누군가 훔쳐 가는 일도 자주 생겼어요. 사냥매의 주인들은 자기 매를 훔쳐 가지 못하게 주인 이름이 새겨진 이름표를 매의 꽁지에 매달았어요. 이 이름표가 바로 '시치미'예요.

▲ 사냥매를 길들이는 모습

'시치미'의 뜻

하지만 시치미를 매단 뒤에도 사냥매를 훔치는 사람들은 사라지지 않았어요. 매를 훔친 뒤, 꽁지에 매달려 있던 시치미를 떼고 자신의 시치미를 매달아 놓았지요. 바로 여기에서 '시치미 떼다'라는 말이 나왔어요.

이렇게 해서 '시치미 떼다'라는 말은 자기가 한 일을 하지 않았다고 하거나 알면서도 모르는 체할 때 쓰는 말이 되었답니다.

① 매   ② 짐승   ③ 사냥
④ 토끼   ⑤ 시치미

연습 문제 1 다음 글을 읽고 ㉠'조상', ㉡'신중하게'와 뜻이 비슷한 말을 각각 찾아 쓰세요.

> 　설은 새해를 시작하는 첫날로 모든 것을 새롭게 시작한다는 데서 매우 뜻깊은 명절입니다. 우리 ㉠조상들은 이미 삼국 시대 이전부터 새해 첫날에 하늘에 제사를 지내며 풍년을 기원했습니다.
>
> 　'설'이란 말은 '삼가다'라는 말에서 나왔다고 합니다. 한 해가 시작되는 날인 만큼 모든 일을 ㉡신중하게 하라는 뜻입니다. 실제로 우리 선조들은 설날 아침을 아주 조심스럽게 맞이했습니다. 아침 일찍 일어나 옷을 깨끗이 갈아입고 식구들의 건강과 행복을 빌며 조상들께 차례부터 지냈습니다.

(1) ㉠ 조상 ≒ (　　　　　　　　) 　　(2) ㉡ 신중하게 ≒ (　　　　　　　　)

연습 문제 2 ㉠～㉤ 중에서 뜻이 서로 반대되는 낱말과 바르게 짝 지어진 것을 모두 고르세요.

(　　　　　)

> 　『개미와 베짱이』라는 유명한 이야기가 있습니다. 가을까지 열심히 일했던 개미는 모아 둔 먹을거리로 겨울을 따뜻하게 보내고, 노래를 부르며 놀기만 했던 베짱이는 ㉠추운 겨울에 고생한다는 내용입니다.
>
> 　하지만 실제 베짱이는 이야기 속 베짱이처럼 ㉡게으르지 않습니다. 베짱이는 알이나 번데기의 상태로 겨울을 보낸 뒤에 알을 낳고 곧 죽습니다. 그러니 개미처럼 기나긴 겨울을 보낼 ㉢양식을 준비할 필요가 없습니다. ㉣수컷 베짱이는 9월에서 10월에 짝을 찾아 번식을 하는 것이 더 중요합니다. 그래서 수컷 베짱이들은 암컷 베짱이를 불러들이기 위해 날개를 비비며 부지런히 노래를 부르는 것입니다. 베짱이에게 노래는 종족을 ㉤보존하기 위해 꼭 필요했던 것입니다.

① ㉠ 추운 – 더운
② ㉡ 게으르지 – 부지런하지
③ ㉢ 양식 – 먹을거리
④ ㉣ 수컷 – 암컷
⑤ ㉤ 보존하기 – 남기기

'간추리기'란 글에서 중요한 내용을 찾아 간략하게 정리하는 걸 말해.

일단, **각 문단의 내용을 대표하는 문장(중심 문장)을 찾아 밑줄 쫙!** 그리고 **각 문단의 중심 문장을 연결하여 글 전체의 내용을 짧게 정리해 봐.** 필요하다면 **'그러나, 그리고, 그래서, 왜냐하면'** 같은 이어 주는 말을 사용해도 돼!

예시 문제　다음 글을 읽고 중요한 내용을 잘 간추린 것의 기호를 쓰세요.

　　국경일은 나라의 경사스러운 일을 기념하기 위해 나라에서 법률로 정한 날이에요. 국
경일에는 자랑스러운 민족의 역사와 정신이 담겨 있어요. 우리나라에는 모두 다섯 개의
국경일이 있어요.

　　우리나라 국경일에는 삼일절(3월 1일), 제헌절(7월 17일), 광복절(8월 15일), 개천절
(10월 3일), 한글날(10월 9일)이 있어요. 삼일절은 1919년 3월 1일에 일본에 맞서 온 국
민이 대한 독립 만세를 부른 일을 기념하는 날이에요. 제헌절은 1948년 7월 17일에 대
한민국 헌법을 만들어 널리 알린 일을 기념하는 날이지요. 또 광복절은 1945년 8월 15
일에 우리나라가 일본에게 빼앗겼던 나라의 *주권을 다시 찾은 것을 기념하는 날이에요.
개천절은 단군이 우리나라 최초의 국가인 고조선을 세운 일을 기념하는 날이고, 한글날
은 1446년 10월 9일에 우리나라 고유의 글자인 한글을 만들어 널리 알린 것을 기념하는
날이에요.

*주권: 국가의 뜻을 최종적으로 결정하는 힘.

㉮ 우리나라에는 민족의 역사와 정신이 담겨 있는 국경일이 다섯 개가 있다.
㉯ 우리나라의 경사스러운 일을 기념하기 위해 우리나라에서 법률로 정한 국경일에는 삼
　일절, 제헌절, 광복절, 개천절, 한글날이 있다.

(　　　　　)

1 **다음 글을 읽고 중요한 내용이 잘 드러나도록 빈칸에 알맞은 말을 쓰세요.**

암컷 모기는 알을 더 많이 낳기 위해 필요한 영양분을 보충하려고 사람의 피를 빨아 먹는다. 모기는 한 번에 100개 이상의 알을 낳는다고 한다. 암컷 모기는 더 많은 알을 낳으려고 사람의 피를 빨아서 동물성 단백질을 보충한다.

모기에 물리면 피부가 가렵고 부어오르는 것은 모기의 침 때문이다. 모기는 사람의 피부를 뚫고 들어가 피를 빨 때 침을 바른다. 그 침에는 피가 굳는 것을 막아 주는 성분이 들어 있는데, 이 성분이 우리 몸에 염증 반응을 일으켜서 상처가 난 곳이 가렵고 부어오르는 것이다.

암컷 모기는 (1)(   )을/를 더 많이 낳기 위해 영양분을 보충하려고 사람의 피를 빨아 먹는다. 모기에 물리면 피부가 가렵고 부어오르는 것은 모기의 (2)(   ) 때문이다.

2 **다음 글의 내용을 간추릴 때, 중요한 문장을 두 개 골라 기호를 쓰세요.**

㉠몽골에는 초원이 드넓게 펼쳐져 있습니다. 몽골인들은 초원에서 양, 말, 염소 등을 키우고 사냥을 하며 이리저리 옮겨 다니며 삽니다. 여름에는 산 정상에 머물고 겨울에는 낮은 지대에 머뭅니다. 그래서 ㉡몽골인들은 언제든지 떠나기 쉽게 텐트처럼 생긴 '게르'라는 집을 지어 살아갑니다.

㉢게르는 만들기도 쉽고 헐기도 쉽습니다. 버드나무 가지로 뼈대를 만들고 그 위에 짐승의 털을 이용하여 만든 천을 덮은 후에 밧줄을 치면 게르가 금세 완성됩니다. ㉣다른 곳으로 이동할 때도 쉽게 분해할 수 있어 편리합니다.

(   )

다수결의 원칙

1 학급의 반장이나 나라의 대통령을 뽑을 때에 투표를 합니다. 이때 가장 많은 표를 얻은 사람이 반장, 대통령이 됩니다. 이처럼 더 많은 사람이 선택한 의견을 따르는 것을 다수결의 원칙이라고 합니다. 우리는 많은 사람의 의견을 하나로 모으는 것이 어려울 때 주로 다수결의 원칙에 따릅니다.

2 다수결의 원칙은 쉽고 빠르게 문제를 해결할 수 있다는 장점이 있습니다. 보통 다수결은 참석한 사람들 중 절반이 넘는 사람들의 의견에 따라 결정합니다. 아주 중요한 일을 결정해야 하는 경우에는 참석한 사람 3분의 2 이상의 의견이 모아져야 합니다. 다수결의 원칙은 많은 사람이 선택하는 쪽으로 의견을 결정하는 방식이라 시간을 절약할 수 있습니다.

3 하지만 ㉠다수결의 원칙은 모든 사람의 생각과 [*]바람을 담아내지 못한다는 단점이 있습니다. ㉡학급 회의에서 현장 체험학습 장소를 정하는 과정을 예로 들어 볼까요? ㉢25명의 학생 가운데에서 박물관으로 현장 체험학습을 가는 것에 13명이 찬성, 12명이 반대하여 현장 체험학습 장소가 박물관으로 최종 결정되었다고 생각해 보세요. ㉣단지 1표가 더 많다는 이유로 현장 체험학습 장소를 박물관으로 결정한 것이 반 전체의 생각이라고 볼 수 있을까요?

4 다수결의 원칙에 따라 의견을 결정할 때에는 먼저 자유롭게 자신의 의견을 말하고 서로 간에 대화나 토론을 충분히 거쳐야 합니다. 이를 통해 각 의견의 장단점을 깊이 생각할 수 있게 되기 때문입니다. 다수결의 원칙에 따라 의견을 결정한 뒤에는 반대했던 [*]소수의 의견도 존중해야 합니다. 왜냐하면 많은 사람이 선택한 의견이라고 해서 언제나 옳은 것은 아닐 수 있기 때문입니다. 소수의 의견을 무시하지 말고 그 의견에도 귀 기울일 줄 아는 자세가 필요합니다.

[*] 바람: 어떤 일이 이루어지기를 기다리는 간절한 마음.
[*] 소수: 적은 수.

1 내용 이해

이 글에서 설명하는 내용으로 알맞은 것을 두 가지 고르세요. (   )

① 반장 선거 과정
② 다수결의 원칙의 뜻
③ 우리나라 선거의 원칙
④ 다수결의 원칙의 장단점
⑤ 다수결의 원칙을 처음 만든 사람

2 주제

㉠~㉢ 중에서 **3**문단의 중심 문장으로 알맞은 것의 기호를 쓰세요.

(   )

3 내용 이해

다음을 읽고 사실을 나타내는 문장에는 '사실', 의견을 나타내는 문장에는 '의견'이라고 쓰세요.

⑴ 학급의 반장이나 나라의 대통령을 뽑을 때에 투표를 합니다.   (   )

⑵ 더 많은 사람이 선택한 의견을 따르는 것을 다수결의 원칙이라고 합니다.

(   )

⑶ 소수의 의견을 무시하지 말고 그 의견에도 귀 기울일 줄 아는 자세가 필요합니다.

(   )

4 짜임

이 글의 중요한 내용을 한 문장으로 잘 간추린 것의 기호를 쓰세요.

> ㉮ 많은 사람이 선택한 의견보다 반대했던 소수의 의견을 더 존중해야 한다.
> ㉯ 다수결은 참석한 사람들 중 절반 또는 3분의 2 이상이 선택하는 쪽으로 의견을 결정한다.
> ㉰ 다수결의 원칙은 쉽고 빠르게 문제를 해결할 수 있지만, 모든 사람의 생각과 바람을 담아내지 못한다.

(   )

☆ 가운데 부분에 해당하는 **2**문단과 **3**문단에서 중심 문장을 찾아 간추리면 돼.

5 다음 중 낱말의 관계가 <u>다른</u> 하나는 무엇인가요? (   )

어휘·표현

① 찬성 – 반대   ② 소수 – 다수

③ 장점 – 단점   ④ 참석 – 불참석

⑤ 모으다 – 합치다

☆ 낱말의 뜻을 짐작하여 짝 지어진 낱말의 관계를 파악해 봐.

6 이 글을 읽고 자신의 생각을 알맞게 말한 친구는 누구인지 쓰세요.

비판

> 준규: 다수결의 원칙에도 단점이 있다고 했는데, 예를 들어 설명해 주면 좋았겠어.
>
> 윤지: 다수결의 원칙은 모든 사람의 생각을 담아내어 문제를 쉽고 빠르게 해결할 수 있어.
>
> 수현: 많은 사람이 선택한 의견이라고 해서 항상 옳은 것은 아니라고 하니, 앞으로 다수결로 결정할 때 신중하게 생각해야겠어.

(   )

7 다음 소크라테스의 재판에서 얻을 수 있는 교훈으로 알맞은 것에 ○표 하세요.

적용·창의

> 고대 그리스에 소크라테스라는 유명한 철학자가 있었다. 그는 나라에서 인정한 신을 섬기지 않아서 젊은이들에게 나쁜 영향을 끼친다는 이유로 고발을 당하였다. 법정에 선 소크라테스는 옳고 그름을 따져 자신이 무죄임을 주장하였다. 하지만 사형을 결정하는 투표에서 500명의 *배심원 중에 360명이 찬성, 140명이 반대하여 사형 선고를 받았다. 결국 소크라테스는 독약을 마시고 죽음을 맞이했다.
>
> *배심원: 법률 전문가가 아닌 일반 국민 중에서 뽑혀 재판에 참여하고 판단을 내리는 사람.

(1) 무조건 다수결의 원칙을 따라야 한다.   (   )

(2) 사람이라면 누구나 실수를 저지를 수 있다.   (   )

(3) 다수결의 원칙을 따르는 것이 꼭 옳은 것은 아니다.   (   )

내용 정리

★ 빈칸에 알맞은 말을 넣어 오늘 읽은 글의 내용을 정리해 보세요.

> 더 많은 사람이 선택한 의견을 따르는 **①**(   )의 원칙은 쉽고 빠르게 문제를 해결할 수 있다는 장점이 있다. 그러나 모든 사람의 생각과 바람을 담아내지 못한다는 단점도 있다. 따라서 서로 간에 충분한 **②**(   )(이)나 토론을 거쳐서 의견을 결정하고, **③**(   )의 의견도 존중해야 한다.

어휘 정리

1 다음 문장에 알맞은 낱말을 (   ) 안에서 골라 ○표 하세요.

⑴ 내 빵의 (곱절, 절반)을 동생에게 나눠 주었다.

⑵ 내 (바람, 불만)은 우리 가족 모두가 건강하게 지내는 것이다.

⑶ 우리 반에서 (소수, 다수)의 몇 친구만이 그 의견에 찬성하였다.

2 ○보기○의 밑줄 친 '따라'와 같은 뜻으로 쓰인 것에 ○표 하세요.

> ○ 보기 ○
> 최종으로 결정된 의견이니까 모두 잘 <u>따라</u> 주십시오.

⑴ 어머니를 <u>따라</u> 시장 구경을 하였다.   (   )

⑵ 오렌지 주스를 예쁜 컵에 <u>따라</u> 마셨다.   (   )

⑶ 아버지의 뜻에 <u>따라</u> 수영을 배우기 시작했다.   (   )

우리나라를 대표하는 *상징물, 태극기와 무궁화

1 선생님께서 '대한민국' 하면 떠오르는 것을 두 가지씩 조사하여 정리해 오는 숙제를 내 주셨습니다. 도서관에 들러서 책도 찾아보고 인터넷을 검색하여 우리나라를 대표하는 상징물에 대하여 조사했습니다. ㉠그중에서 태극기, 무궁화와 관련된 내용이 인상적이었습니다.

2 ㉡우리나라의 국기인 태극기의 맨 처음 이름은 '조선국기'였습니다. 1882년 최초의 국기가 만들어질 당시 우리나라 이름이 '조선'이었기 때문에 그 이름이 붙여진 것입니다. 1919년 3월 1일, 대한 독립 만세 운동이 일어났을 때 '태극기'라는 이름을 본격적으로 쓰기 시작했다고 합니다.

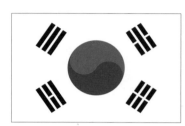

3 ⟨㉮⟩ 태극기의 흰색 바탕은 밝음과 순수, 전통적으로 평화를 사랑하는 우리의 민족성을 나타냅니다. 가운데 빨강과 파랑으로 이루어진 태극 무늬는 우주 만물이 *음양의 조화로 인해 생명을 얻고 발전한다는 진리를 나타냅니다. 그리고 '4괘'로 불리는 네 귀퉁이의 검은색 막대 무늬는 각각 하늘, 땅, 물, 불을 나타냅니다.

4 우리나라의 나라꽃인 무궁화는 예로부터 우리 민족의 사랑을 받아 온 꽃입니다. 옛 기록을 보면 우리 민족은 무궁화를 고조선 이전부터 하늘나라의 꽃으로 귀하게 여겼다는 말이 있습니다. ㉢중국에서도 우리나라를 가리켜 '무궁화가 피고 지는 *군자의 나라'라고 *칭송했다고 합니다.

5 무궁화는 우리 민족의 *근면과 끈기를 잘 보여 주는 꽃입니다. 무궁화는 7월부터 10월까지 매일 새벽에 꽃이 피기 시작하여 오후에는 오므라들고 해 질 무렵에는 꽃이 떨어지기를 반복합니다. ㉣끊임없이 꽃을 피우는 무궁화의 모습이 어떤 어려움도 잘 견뎌 내고 다시 일어서는 우리 민족과 많이 닮았다는 생각이 들었습니다.

---

* 상징물: 일정한 형태와 성질을 갖추고 있지 않은 것을 구체적으로 나타낸 물체.
* 음양: 세상의 이치를 이루는 서로 반대되는 두 기운인 음과 양.
* 군자: 행실이 점잖고 어질며 덕과 학식이 높은 사람.
* 칭송했다고: 매우 훌륭하고 위대한 점을 칭찬하여 말했다고.
* 근면: 부지런히 일하며 힘씀.

1

내용 이해

이 글에 나타나 있지 <u>않은</u> 내용은 무엇인가요? (   )

① 무궁화의 역사   ② 태극기의 모양

③ 무궁화 꽃이 피는 시기   ④ 태극기를 처음 만든 사람

⑤ 태극기에 담겨 있는 의미

2

내용 이해

㉠~㉣을 사실과 의견으로 구별하여 각각 기호를 쓰세요.

(1) 사실: (   )   (2) 의견: (   )

3

주제

㉮에 들어갈 중심 문장으로 알맞은 것은 무엇인가요? (   )

① 태극기는 우리나라의 국기입니다.

② 국경일에는 집집마다 태극기를 답니다.

③ 태극기는 그리는 방법이 정해져 있습니다.

④ 태극기에는 여러 가지 깊은 뜻이 담겨 있습니다.

⑤ 태극기의 '4괘'는 '건괘, 곤괘, 감괘, 이괘'를 가리킵니다.

☆ 중심 문장은 나머지 문장들의 내용을 대표해야 해.

4

어휘·표현

뜻이 서로 비슷한 낱말끼리 짝 지어지지 <u>않은</u> 것에 ×표 하세요.

(1) 귀퉁이 – 모서리   (2) 귀하다 – 천하다   (3) 끈기 – 참을성

(   )   (   )   (   )

5

주제

❶~❺ 문단 중에서 다음 뒷받침 문장이 들어가기에 알맞은 것의 번호를 쓰세요.

> 신라는 스스로 '무궁화의 나라'라고 부르기도 했습니다.

(   )

☆ 제시된 뒷받침 문장과 관련 있는 중심 문장을 찾아봐.

6

비판

이 글을 읽고 난 뒤에 자신의 생각을 알맞게 말하지 못한 친구는 누구인지 쓰세요.

> 현주: 우리 민족이 하찮게 여기던 무궁화가 어떻게 나라꽃이 되었는지 궁금해.
> 동혁: 태극기의 원래 이름이 왜 '조선국기'였는지 그 까닭을 설명해 주어서 좋았어.
> 성민: 태극기는 고난을 겪을 때마다 우리 민족을 하나로 뭉치게 하는 역할을 했어.

(   )

7

적용·창의

선생님께서 내 주신 숙제에 해당하는 사진 자료로 알맞은 것을 모두 고르세요.

(   )

①
▲ 애국가

②
▲ 에펠탑

③
▲ 거북선

④
▲ 김치

⑤
▲ 자유의 여신상

내용 정리

★ 빈칸에 알맞은 말을 넣어 오늘 읽은 글의 내용을 정리해 보세요.

> 우리나라를 대표하는 상징물로 태극기와 무궁화가 있다. 태극기의 맨 처음 이름은 ❶'(   )'였다. 1919년 3월 1일에 대한 독립 만세 운동을 펼치면서 '태극기'라는 이름을 본격적으로 쓰기 시작하였다. 태극기의 흰색 바탕은 밝음과 순수, ❷(   )을/를 사랑하는 우리의 민족성을, 태극 무늬는 우주 만물의 조화로움을, 4괘는 하늘, 땅, 물, 불을 상징한다. 무궁화는 예로부터 우리 민족의 사랑을 받아 왔으며, 우리 민족의 근면과 ❸(   )을/를 잘 보여 주는 나라꽃이다.

어휘 정리

1 빈칸에 알맞은 낱말을 ○보기○에서 찾아 쓰세요.

> ○ 보기 ○　　　　　　진리　　　조화　　　상징물

(1) 거북은 예로부터 장수를 나타내는 (   )이었다.

(2) 인간은 자연과 (   )을/를 이루며 살아가야 한다.

(3) 해가 동쪽에서 뜬다는 것은 변하지 않는 (   )이다.

2 다음과 같은 상황에서 쓸 수 있는 관용어로 알맞은 것에 ○표 하세요.

> 외국인에게 우리나라 불고기가 정말 맛있다는 말을 들었을 때

(1) 어깨가 움츠러들다 → 떳떳하지 못하거나 창피하고 부끄러운 기분을 느낀다는 뜻.

(   )

(2) 어깨가 으쓱거리다 → 뽐내고 싶은 기분이나 떳떳하고 자랑스러운 기분이 된다는 뜻.

(   )

1 ㉠우리는 플라스틱 쓰레기가 넘쳐 나는 세상에서 살고 있어요. ㉡플라스틱은 쉽게 *분해되지 않고 더 잘게 쪼개져 *미세 플라스틱이 되어 지구 환경과 우리의 건강을 위협하고 있지요. ㉢전 세계 바다에는 무려 5조 개 이상의 미세 플라스틱이 떠다닌다고 해요. ㉣미세 플라스틱이 어떤 문제를 일으키는지 바로 알고 미세 플라스틱을 줄이기 위해 우리 모두가 나서야 해요.

2 미세 플라스틱은 머리카락만큼 얇은 5밀리미터 이하의 작은 플라스틱 조각을 말해요. 미세 플라스틱에는 ㉤*세안제나 치약 같은 것에 사용하기 위해 1밀리미터보다 작은 알갱이로 만들어진 1차 미세 플라스틱, 페트병이나 비닐봉지 등이 버려지는 과정에서 잘게 쪼개져 생겨난 2차 미세 플라스틱이 있어요. 1차 미세 플라스틱은 크기가 워낙 작아서 정수 처리 시설에서 걸러지지 않고 하수구를 통해 강과 바다로 흘러들어 가요. 그래서 세계 여러 나라에서는 제품 효과가 떨어지더라도 화장품이나 치약, 세안제 등에 미세 플라스틱을 사용하지 못하게 제한하고 있어요.

3 미세 플라스틱은 해양 생물과 사람에게 큰 해를 입혀요. 물속이나 물 위에 떠다니는 플랑크톤은 먹이인 줄 알고 미세 플라스틱을 먹어요. 그 플랑크톤을 새우나 멸치 같은 작은 물고기가 먹고, 이 작은 물고기를 큰 물고기가 먹지요. 몸속에 미세 플라스틱이 쌓인 물고기는 결국 우리 식탁에까지 오르게 돼요. 우리가 그 물고기를 먹으면 미세 플라스틱이 우리 몸속에 그대로 쌓여서 질병을 일으킬 수도 있대요.

4 지금처럼 플라스틱을 마구 쓰고 버리면 미세 플라스틱 문제가 더 심각해질 게 불 보듯 뻔해요. 많은 학자가 미세 먼지보다 미세 플라스틱이 인류에게 더 큰 *재앙이 될 것이라고 입을 모아 이야기하고 있어요. 지구 곳곳에 버려진 ㉥일회용기, 플라스틱 빨대, 페트병, 비닐봉지, 물티슈 같은 플라스틱 쓰레기가 수많은 미세 플라스틱을 만들어 내고 있다는 사실을 결코 잊어서는 안 돼요. 우리가 생활 속에서 미세 플라스틱을 줄이기 위해서는 플라스틱 제품 사용을 줄이고 플라스틱을 재활용할 수 있게 분류 배출을 잘하는 것이 중요해요.

*분해되지: 여러 부분으로 이루어진 것이 그 부분이나 성분으로 따로따로 나뉘지.
*미세: 분간하기 어려울 정도로 아주 작음.
*세안제: 얼굴의 먼지나 때, 화장 따위를 닦아내는 데 쓰는 물품.
*재앙: 뜻하지 않게 생긴 불행한 사고. 또는 홍수, 지진, 가뭄, 태풍 등의 자연 현상으로 인한 사고.

1

주제

이 글은 무엇에 대하여 설명한 글인가요? (   )

① 쓰레기   ② 플랑크톤

③ 분류 배출   ④ 해양 생물

⑤ 미세 플라스틱

2

 내용 이해

❶ 문단의 ㉠~㉣ 중에서 글쓴이의 의견을 나타낸 문장의 기호를 쓰세요.

(   )

3

주제

❸ 문단의 중심 내용은 무엇인가요? (   )

① 플랑크톤은 미세 플라스틱을 먹는다.

② 몸속에 미세 플라스틱이 쌓인 물고기가 식탁에 오른다.

③ 미세 플라스틱은 해양 생물과 사람에게 큰 해를 입힌다.

④ 새우나 멸치는 미세 플라스틱을 먹은 플랑크톤을 먹는다.

⑤ 미세 플라스틱이 우리 몸속에 쌓이면 질병을 일으킬 수 있다.

4

짜임

글쓴이의 생각이 잘 드러나게 이 글의 내용을 간추린 것에 ○표 하세요.

(1) 미세 플라스틱은 머리카락만큼 얇은 플라스틱 조각을 말한다.   (   )

(2) 플라스틱은 쉽게 분해되지 않고 더 잘게 쪼개져 미세 플라스틱이 된다.   (   )

(3) 지구 환경과 우리의 건강을 위협하는 미세 플라스틱을 줄이기 위해서는 플라스틱
    제품 사용을 줄이고 분류 배출을 잘해야 한다.   (   )

☆ 글쓴이가 이 글을 쓴 의도나 목적이 드러나게 간추린 것을 찾아봐.

5 추론

ⓜ과 같이 세안제나 치약 등에 1차 미세 플라스틱을 사용하는 까닭은 무엇일까요?

(   )

① 물의 오염을 막기 위해서
② 제품의 가격을 높이기 위해서
③ 좀 더 깨끗하게 닦이도록 하기 위해서
④ 제품을 더 오래 쓸 수 있게 하기 위해서
⑤ 해양 생물과 사람에게 해를 입히지 않기 위해서

☆ 세안제나 치약 등에 작은 플라스틱 알갱이를 넣으면 어떤 효과가 생기는지 짐작해 봐.

6 어휘·표현

ⓑ을 모두 포함하는 말은 무엇인가요? (   )

① 지구 환경   ② 해양 생물
③ 정수 처리 시설   ④ 플라스틱 쓰레기
⑤ 1차 미세 플라스틱

7 적용·창의

이 글을 읽고 생활 속에서 미세 플라스틱을 줄이기 위해 노력한 친구의 이름을 모두 쓰세요.

> 은결: 옥수수로 만든 친환경 빨대를 사용하고 있어.
> 지우: 엄마와 시장에 갈 때 장바구니를 가지고 갔어.
> 형호: 일회용 플라스틱 컵을 하루에 한 개씩 사용하고 있어.
> 가인: 식당에서 물티슈를 사용하는 대신 손을 씻고 음식을 먹었어.
> 세경: 배달 음식을 주문할 때 플라스틱 숟가락을 넣어 달라고 말했어.

(   )

📝 내용 정리

⭐ 빈칸에 알맞은 말을 넣어 오늘 읽은 글의 내용을 정리해 보세요.

> 5밀리미터 이하의 작은 플라스틱 조각인 ❶(   )은/는 지구
> 환경과 우리의 ❷(   )을/를 위협하고 있다. 미세 플라스틱이 우리 몸속에 쌓이면
> 질병을 일으킬 수도 있다. 미세 플라스틱을 줄이기 위해서는 ❸(   )
> 제품 사용을 줄이고 플라스틱을 재활용할 수 있게 분류 배출을 잘해야 한다.

🔍 어휘 정리

1 빈칸에 알맞은 낱말을 ○보기○에서 찾아 쓰세요.

> ○ 보기 ○   분해   배출   재앙

(1) 마을에 닥친 (   )(으)로 많은 사람이 목숨을 잃었다.

(2) 달리기를 하면 지방이 (   )되어 다이어트에 도움이 된다.

(3) 일회용품의 사용을 줄이자 쓰레기의 (   )도 크게 줄어들었다.

2 다음 문장에 알맞은 낱말을 (   ) 안에서 골라 ○표 하세요.

(1) 책상 위에 (싸인, 쌓인) 먼지를 깨끗이 닦았다.

(2) 도적들은 백성들을 (위협하고, 위험하고) 재물을 빼앗았다.

(3) 도로가 공사 중이어서 차량 통행을 (제안하고, 제한하고) 있었다.

1 한옥은 우리나라 고유의 형식으로 지은 집이다. 즉 기와나 초가로 지붕을 만들고 마루와 온돌이 있는 우리나라만의 ㉠독특한 집의 형태를 말한다. 한옥에는 다음과 같은 몇 가지 특징이 있다.

2 한옥은 우리나라 기후에 알맞게 지어진 과학적인 집이다. 여름에는 무덥고 겨울에는 몹시 추운 우리나라 기후에 한옥은 딱 맞는 집이라고 할 수 있다. 한옥에는 마루가 있어 여름철에 더위를 피할 수 있다. 마루는 땅바닥과 사이를 띄우고 널빤지를 깔아 놓아 땅으로부터 올라오는 습기와 열기 등을 막아 주는 구실을 한다. 대개 마루는 앞쪽이 트여 있고 뒤쪽에 문이 달려 있어서 앞뒤로 바람이 잘 통하기 때문에 늘 선선하다. 또 한옥에는 온돌이 있어 겨울철에 추위를 피할 수 있다. 온돌은 방바닥 아래에 넓적한 큰 돌을 깔아 놓고 흙으로 덮은 뒤, 부엌에 있는 *아궁이에 불을 때어 방바닥을 따뜻하게 덥혀 주는 구실을 한다. ㉡온돌은 한번 뜨겁게 달구어지면 오랫동안 잘 식지 않는다고 한다.

3 한옥은 친환경 재료로 지은 건강한 집이다. 한옥은 주로 자연에서 얻을 수 있는 나무나 흙, 돌 등을 사용하여 짓는다. 나무와 흙은 집 안의 습기를 조절해 주고, 공기를 항상 깨끗하게 유지시켜 주어 실내를 쾌적하게 만들어 준다. 또 창문과 방문에 바른 *창호지는 햇빛과 공기가 잘 통하게 하여 자연스럽게 습도를 조절해 준다.

4 한옥은 곡선과 직선이 서로 조화를 이룬 아름다운 집이다. 한옥의 *처마나 지붕에서는 매끄러운 곡선의 아름다움을 느낄 수 있다. 지붕의 **뼈대**를 이루는 나무인 *서까래나 방의 구조에서는 직선의 아름다움을 느낄 수 있다.

▲ 처마

5 이처럼 한옥은 사계절이 있는 우리나라 기후에 딱 맞고, 자연에서 쉽게 얻을 수 있는 재료로 곡선과 직선의 아름다움을 느낄 수 있게 지은 집이다. ㉢전주나 서울 북촌의 한옥 마을에 가면 가까이서 한옥의 매력을 생생하게 느낄 수 있다.

---

*아궁이: 방이나 솥 따위에 불을 때기 위하여 만든 구멍.
*창호지: 한지의 한 종류로 주로 문을 바르는 데 쓰는 종이.
*처마: 지붕의, 바깥쪽으로 나와 있는 부분.
*서까래: 한옥의 지붕을 만드는 데 받침이 되는, 지붕 끝에서 기둥까지 걸친 나무.

1 주제

이 글의 중심 글감은 무엇인지 두 글자로 쓰세요.

(   )

2 주제

①~④문단의 중심 문장이 <u>아닌</u> 것에 ×표 하세요.

(1) 한옥은 친환경 재료로 지은 건강한 집이다.   (   )
(2) 한옥은 우리나라 고유의 형식으로 지은 집이다.   (   )
(3) 한옥은 우리나라 기후에 알맞게 지어진 과학적인 집이다.   (   )
(4) 한옥의 처마나 지붕에서는 매끄러운 곡선의 아름다움을 느낄 수 있다.   (   )

3 어휘·표현

㉠'독특한'과 뜻이 비슷한 낱말이 <u>아닌</u> 것은 무엇인가요? (   )

① 특별한   ② 각별한   ③ 평범한
④ 특이한   ⑤ 특출한

4 내용 이해

㉡과 ㉢에 대하여 바르게 말한 친구에게 ○표 하세요.

(1) ㉡은 온돌에 대한 글쓴이의 의견을 나타낸 문장이야.

채운

(   )

(2) ㉢은 글쓴이가 직접 본 한옥의 모습을 사실 그대로 표현한 문장이야.

예서

(   )

(3) ㉡은 온돌에 대하여 들은 내용으로 사실을 나타낸 문장이야.

지우

(   )

5 이 글을 읽고 알게 된 내용으로 알맞지 <u>않은</u> 것은 무엇인가요? (　　　　)

내용 이해

① 한옥의 지붕과 처마는 곡선으로 되어 있다.

② 한옥의 방문에 바른 창호지는 햇빛을 잘 통하게 한다.

③ 한옥에 쓰인 나무와 흙은 실내를 쾌적하게 만들어 준다.

④ 한옥의 마루는 대개 뒤쪽이 트여 있고 앞쪽에는 문이 달려 있다.

⑤ 한옥에는 마루와 온돌이 있어서 여름에는 시원하고 겨울에는 따뜻하다.

6 이 글의 중심 내용이 잘 드러나도록 빈칸에 알맞은 말을 쓰세요.

짜임

> 　한옥은 우리나라 (1)(　　　　　　　　　　)에 알맞게 지어진 과학적인 집이다.
> 또 나무나 흙, 돌, 창호지 같은 (2)(　　　　　　　　　) 재료로 지은 건강한 집
> 이다. 그리고 곡선과 직선이 서로 조화를 이룬 아름다운 집이다.

☆ 각 문단에서 중심 문장을 찾아봐.

7 한옥의 각 부분에 해당하는 이름을 ○보기○에서 찾아 빈칸에 쓰세요.

적용·창의

> ○보기○　　　　마루　　　처마　　　서까래

지붕의, 바깥쪽으로 나와 있는 부분.

(1) (　　　　　　)

한옥의 지붕을 만드는 데 받침이 되는, 지붕 끝에서 기둥까지 걸친 나무.

(2) (　　　　　　)

땅바닥과 사이를 두고 평평한 널빤지를 깔아 사람이 앉거나 걸을 수 있도록 만든 곳.

(3) (　　　　　　)

집의 윗부분을 덮는 덮개.

지붕

📑 내용 정리

⭐ 빈칸에 알맞은 말을 넣어 오늘 읽은 글의 내용을 정리해 보세요.

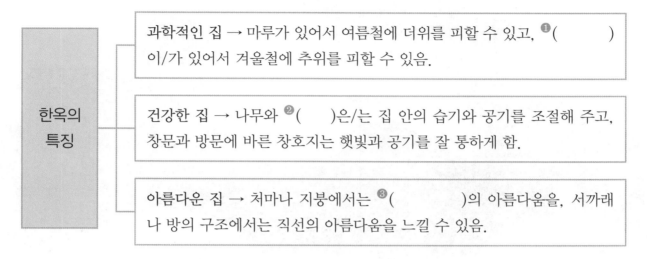

한옥의 특징

과학적인 집 → 마루가 있어서 여름철에 더위를 피할 수 있고, ❶(　　　) 이/가 있어서 겨울철에 추위를 피할 수 있음.

건강한 집 → 나무와 ❷(　　)은/는 집 안의 습기와 공기를 조절해 주고, 창문과 방문에 바른 창호지는 햇빛과 공기를 잘 통하게 함.

아름다운 집 → 처마나 지붕에서는 ❸(　　　　)의 아름다움을, 서까래 나 방의 구조에서는 직선의 아름다움을 느낄 수 있음.

🔍 어휘 정리

1 다음 문장에 알맞은 낱말을 (　) 안에서 골라 ○표 하세요.

(1) 엄마는 추위에 떨고 있는 내게 우유를 (덥혀, 덮어) 주셨다.

(2) 지난여름 제주도로 가족 여행을 갔던 일이 (쾌적하게, 생생하게) 떠오른다.

2 ●보기●의 밑줄 친 부분과 뜻이 같은 관용어에 ○표 하세요.

●보기● 한옥에 사시는 할머니께서는 <u>입에 침이 마르도록</u> 자랑을 하고 다니신다.

(1) 입을 막고
(　　)

(2) 입이 짧게
(　　)

(3) 입이 닳도록
(　　)

앞에서 배운 낱말을 떠올려 보고, 퀴즈를 풀며 미로를 탈출해 보세요.

행실이 점잖고 어질며 덕과 학식이 높은 사람을 뜻하는 낱말은 무엇일까?

군자

군신

"법 앞에서는 누구나 평등하다는 ○○을 지켜야 해." 빈칸에 들어갈 말은?

원칙

원리

"○○의 의견도 무시하지 말고 존중해 주어야 해." 빈칸에 들어갈 말은?

소수

자기가 하고도 하지 않은 척하거나 알고도 모르는 척하는 태도를 뜻하는 낱말은 무엇일까?

시치미

동치미

서까래

체력

아궁이

방이나 솥 따위에
불을 때기 위하여
만든 구멍을 뜻하는
낱말은 무엇일까?

몸으로 직접 겪음.
또는 그런 경험을
뜻하는 낱말은 무엇일까?

조화

다수

체험

훌륭해! 독해력
다음 단계에 도전해
보자고! 출발!

"이곳은 자연과 ○○을
이루어 무척 아름다워."
빈칸에 들어갈 말은?

미세

수화

분간하기 어려울
정도로 아주 작은 것을
뜻하는 낱말은 무엇일까?

미비

학교 폭력 *대처 안내문

1 ㉠2019년 학교 폭력 *실태 조사에 따르면 초등학생의 학교 폭력 피해가 중·고등학생보다 높은 것으로 나타났습니다. 그리고 폭행과 같은 신체적 폭력보다는 언어 폭력, 집단 따돌림, 사이버 괴롭힘 같은 폭력이 더 높게 나타났습니다. ㉡평소에 학교 폭력에 대처하는 방법을 잘 알아 두고, 문제가 발생했을 때에는 다음 안내하는 내용에 따라 침착하게 대처하시기 바랍니다.

2 첫째, 한 명의 친구가 괴롭힐 때는 먼저 "하지 마!"라고 확실하게 말하세요. 그래도 계속 괴롭히면 ㉮주저하지 말고 부모님이나 선생님께 이 사실을 알리고 도움을 요청하세요. 상대방이 괴롭힐 때 가만히 있으면 그 행동을 계속할 수 있으니 적극적으로 대처하세요.

3 둘째, 여러 명의 친구가 괴롭힐 때는 빨리 학교나 부모님께 이 사실을 알리고 피해 증거를 모으세요. 예를 들어 신체에 해를 입었을 경우에는 상처 부위를 사진으로 찍고, 병원 치료를 받았다면 진단서를 발급받아야 합니다. 만약 주변에 자신이 괴롭힘을 당하는 것을 본 친구가 있다면 녹음 기록 등도 *확보하세요. 그리고 문제가 해결될 때까지 혼자 다니지 않도록 하세요.

4 셋째, 괴롭힘을 당하는 친구를 보았을 때는 주저하지 말고 담임 선생님이나 상담 선생님께 알리세요. 신고를 하면 혹시 자신에게도 피해가 올까 봐 괴롭힘을 당하는 친구를 보고도 모른 척하는 경우가 많은데, 그 문제는 전혀 걱정하지 않아도 돼요. 왜냐하면 (㉯) 때문이에요.

5 어린이 여러분, 학교 폭력은 스스로 해결하기 어려운 문제입니다. 따라서 주변 사람들에게 사실대로 말하고 도움을 요청하길 바랍니다. 부모님이나 선생님께 말하기가 어렵다면 ㉢117번 학교 폭력 신고 센터에 전화나 문자로 신고하는 방법도 있습니다. ㉣자신은 장난이라 생각하고 행동했더라도 피해를 본 친구가 장난이 아니라고 느끼면 모두 폭력이 될 수 있다는 것을 꼭 기억했으면 좋겠습니다.

---

* 대처: 어떤 어려운 일이나 상황을 이겨 내기에 알맞게 행동함.
* 실태: 있는 그대로의 상태.
* 확보하세요: 확실히 가지고 있으세요.

1

주제

이 글은 무엇에 대하여 안내하는 글인지 빈칸에 알맞은 말을 쓰세요.

(   ) 대처 방법

☆ ❶문단에서 평소에 무엇을 잘 알아 두라고 했는지 살펴봐.

2

내용 이해

㉠~㉣ 중에서 사실에 대한 생각을 나타낸 문장을 두 개 찾아 기호를 쓰세요.

(   )

3

주제

❸문단에서 예로 든 뒷받침 문장의 내용 중에서 적절하지 <u>않은</u> 것에 ×표 하세요.

⑴ 병원 진단서를 발급받는다. (   )

⑵ 문제가 해결될 때까지 혼자 다닌다. (   )

⑶ 상처를 입은 신체 부위를 사진으로 찍는다. (   )

⑷ 자신이 괴롭힘을 당하는 것을 본 친구의 녹음 기록을 확보한다. (   )

4

어휘·표현

㉮'주저하지'와 바꾸어 쓸 수 있는 말을 두 가지 고르세요. (   )

① 망설이지   ② 서두르지   ③ 조심하지

④ 후회하지   ⑤ 머뭇거리지

5

❷~❹문단의 중요한 내용을 잘 간추린 것의 기호를 쓰세요.

> ㉮ 친구들에게 신체적 폭력을 당했을 때는 상처 부위를 사진으로 찍거나 병원 진단서를 발급받는다.
>
> ㉯ 한 명의 친구로부터 괴롭힘을 당하면 "하지 마!"라고 확실하게 말한 다음, 계속 괴롭히면 맞서 싸운다.
>
> ㉰ 친구들에게 괴롭힘을 당하거나 괴롭힘을 당하는 친구를 보았을 때는 선생님이나 부모님께 이 사실을 알리고 도움을 요청한다.

(   )

☆ ❷~❹문단의 중심 내용이 드러나게 간추려야 해.

6

추론

㉯에 들어갈 내용으로 알맞은 것은 무엇일까요? (   )

① 신고자가 상금을 받을 수 있기
② 신고자를 공개하지 않고 보호해 주기
③ 괴롭힘을 당한 친구가 신고자를 도와주기
④ 주변 사람들이 신고자의 말을 그대로 믿기
⑤ 괴롭힌 친구에게 신고자가 누구인지 밝히기

7

적용·창의

이 글에서 알려 준 대로 생활 속에서 올바르게 실천한 친구에게 ○표 하세요.

(1) 괴롭힘을 당하는 친구를 보고 모른 척한 상준   (   )

(2) 여러 명의 친구가 괴롭혔을 때 혼자서 맞서 싸운 은우   (   )

(3) 한 명의 친구가 괴롭혔을 때 "하지 마!"라고 큰 소리로 말한 승기   (   )

(4) 친구들에게 따돌림 문자를 받고 나서 주저 없이 119번으로 신고 전화를 한 혜정

(   )

내용 정리

★ 빈칸에 알맞은 말을 넣어 오늘 읽은 글의 내용을 정리해 보세요.

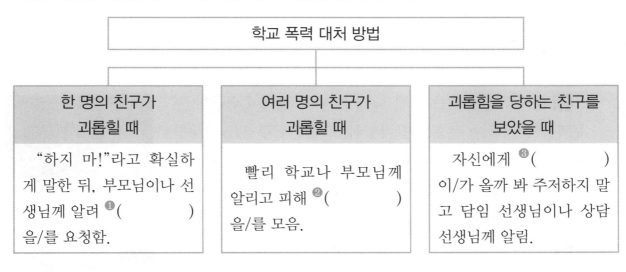

학교 폭력 대처 방법		
한 명의 친구가 괴롭힐 때	여러 명의 친구가 괴롭힐 때	괴롭힘을 당하는 친구를 보았을 때
"하지 마!"라고 확실하게 말한 뒤, 부모님이나 선생님께 알려 ❶( )을/를 요청함.	빨리 학교나 부모님께 알리고 피해 ❷( )을/를 모음.	자신에게 ❸( )이/가 올까 봐 주저하지 말고 담임 선생님이나 상담 선생님께 알림.

어휘 정리

1 다음 문장에 알맞은 낱말을 (   ) 안에서 골라 ○표 하세요.

(1) 소방관의 신속한 (대처, 대화)로 많은 생명을 구할 수 있었다.

(2) 그 신인 배우는 뛰어난 연기력으로 많은 팬을 (확신, 확보)하였다.

2 다음은 이 글을 읽고 의견을 말한 것입니다. 빈칸에 들어갈 관용어로 알맞은 것에 ○표 하세요.

> 학교 폭력은 학생뿐 아니라 주변 사람들이 ▢▢▢▢▢ 온 힘을 다해 해결해야 한다.

(1) 손을 놓고
(   )

(2) 손을 맞잡고
(   )

(3) 손을 늦추고
(   )

1 ㉠주로 습지나 늪, 벼랑 같은 영양분이 부족한 땅에서 자라는 키 작은 식물들은 필요한 영양분을 제대로 얻을 수가 없어요. 이러한 식물들은 곤충이나 작은 동물을 잡아먹어서 필요한 영양분을 보충해요. ㉡신비롭고 흥미로운 벌레잡이 식물의 세계로 함께 들어가 볼까요?

2 ㉢'끈끈이주걱'은 잎에 나 있는 가는 털에서 끈끈한 액체를 *분비하여 곤충을 잡아먹어요. 끈끈이주걱은 달콤한 향을 풍기며 곤충을 *유인한 뒤, 이슬 모양의 끈적끈적한 액으로 곤충을 움직이지 못하게 감싸요. 그런 다음 바로 끈끈이 액에 들어 있는 소화액으로 곤충을 녹여 영양분을 빨아먹어요.

▲ 끈끈이주걱

3 '파리지옥'은 두 장의 잎을 활짝 벌리고 있다가 곤충을 잡아먹어요. 파리지옥은 잎 가장자리의 꿀샘에서 꿀을 내뿜어 곤충을 잎 안으로 유인해요. 그 곤충이 파리지옥의 잎 안에 있는 예민한 감각을 지닌 '감각모'라는 털을 두 번 건드리면 그때서야 잎이 ㉮순식간에 닫혀요. 잎에 갇힌 곤충이 꿈틀대면서 감각모를 자극하면 이때부터 소화액이 분비되어 곤충을 서서히 녹여 영양분을 흡수해요.

▲ 파리지옥

4 '벌레잡이통풀'은 파리지옥처럼 꿀샘으로 곤충을 유인하여 항아리 모양처럼 생긴 잎 입구로 빠지게 해서 잡아먹어요. ㉣벌레잡이통풀의 잎에서 나오는 미끈미끈한 분비물 때문에 통 속이 미끄러워서 한번 빠지면 절대 나올 수가 없대요. 벌레잡이통풀은 통 속에 분비되어 있는 소화액으로 곤충을 서서히 녹여서 영양분을 빨아먹어요.

▲ 벌레잡이통풀

5 이처럼 벌레잡이 식물은 곤충을 잡아먹기 쉽도록 잎이나 줄기를 *변형시키고, 곤충을 유인하기 위해 향이나 꿀을 내뿜고 있어요. ㉤어려운 환경 속에서 살아남기 위한 그들의 노력이 참으로 대단하다는 생각이 들지 않나요?

＊분비하여: 동물이 침이나 소화액 등의 물질을 몸 밖으로 내보내.
＊유인한: 관심이나 흥미를 일으켜 꾀어낸.
＊변형시키고: 형태나 모양, 성질 등을 달라지게 하고.

1

주제

이 글의 제목으로 알맞은 것은 무엇인가요? (   )

① 곤충   ② 파리지옥

③ 끈끈이주걱   ④ 벌레잡이통풀

⑤ 벌레잡이 식물

☆ 글 전체의 내용을 드러낼 수 있는 제목을 찾아봐.

2

내용 이해

벌레잡이 식물에 대한 설명으로 알맞지 <u>않은</u> 것에 ×표 하세요.

(1) 영양분이 많은 땅에서 산다.   (   )

(2) 향이나 꿀로 곤충을 불러모은다.   (   )

(3) 곤충을 잡아먹어서 부족한 영양분을 보충한다.   (   )

(4) 소화액을 분비해 곤충을 녹여서 영양분을 흡수한다.   (   )

3

내용 이해

㉠~㉢ 중에서 사실을 나타낸 문장끼리 바르게 묶인 것은 무엇인가요? (   )

① ㉠, ㉢   ② ㉠, ㉢, ㉣   ③ ㉡, ㉢, ㉣

④ ㉡, ㉢, ㉢   ⑤ ㉡, ㉢, ㉣, ㉢

4

주제

다음 뒷받침 문장이 들어갈 위치로 알맞은 문단의 번호를 쓰세요.

> 놀랍게도 곤충이 완전하게 소화될 때까지 약 7~10일 정도 잎을 닫고 있다가 다시 잎을 연다고 해요.

(   )문단의 맨 뒤

5

㉮'순식간에'와 서로 바꾸어 쓸 수 있는 말은 무엇인가요? (   )

어휘·표현

① 잠시   ② 서서히   ③ 영원히
④ 차례대로   ⑤ 눈 깜짝할 사이에

6

추론

❸문단을 읽고, 곤충이 감각모를 두 번 건드려야 파리지옥이 잎을 닫는 까닭을 알맞게 짐작한 친구는 누구인지 쓰세요.

> 우림: '감각모'라는 털이 예민하지 않아서 한 번에 잎을 닫지 못하는 거야.
> 예진: 곤충을 잎 안으로 유인하기 위해 꿀을 내뿜느라 한 번에 입을 닫지 못하는 거야.
> 준성: 바람에 날려 온 나뭇잎 같은 무생물에 속는 것을 피하기 위해 한 번에 잎을 닫지 않는 거야.

(   )

☆ ❸문단에서 파리지옥에 대하여 설명한 내용을 바탕으로 까닭을 짐작해 봐.

7

짜임

이 글의 내용이 잘 요약되도록 알맞은 말을 (   ) 안에서 골라 ○표 하세요.

> 벌레잡이 식물은 곤충이나 작은 동물을 잡아먹어서 필요한 (햇빛, 영양분)을 보충한다. 끈끈이주걱은 잎에 나 있는 가는 털에서 (끈끈한, 미끈미끈한) 액체를 분비하여 곤충을 잡아먹는다. 파리지옥은 (꿀, 향기)을/를 내뿜어 곤충을 잎 안으로 유인한 뒤에 잎을 닫아 곤충을 잡아먹는다. 벌레잡이통풀도 곤충을 잎 입구에 있는 꿀샘으로 유인하여 통 속에 빠뜨려 잡아먹는다.

📝 내용 정리

⭐ 빈칸에 알맞은 말을 쓰거나 ○표를 하여 오늘 읽은 글의 내용을 정리해 보세요.

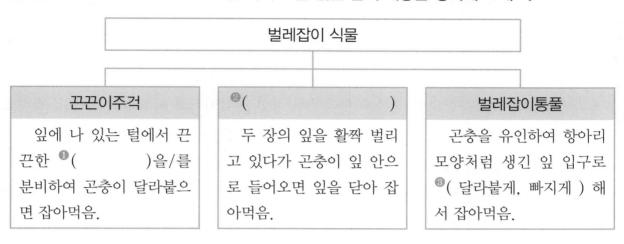

벌레잡이 식물		
끈끈이주걱	❷( )	벌레잡이통풀
잎에 나 있는 털에서 끈끈한 ❶( )을/를 분비하여 곤충이 달라붙으면 잡아먹음.	두 장의 잎을 활짝 벌리고 있다가 곤충이 잎 안으로 들어오면 잎을 닫아 잡아먹음.	곤충을 유인하여 항아리 모양처럼 생긴 잎 입구로 ❸(달라붙게, 빠지게) 해서 잡아먹음.

🔍 어휘 정리

1 다음 문장에 알맞은 낱말을 (   ) 안에서 골라 ○표 하세요.

(1) 성격이 (둔한, 예민한) 편이어서 깊게 잠들지 못한다.

(2) 낚싯바늘에 미끼를 달아 물고기를 (따돌렸다, 유인하였다).

2 이 글에 나오는 파리지옥의 모습을 떠올리며 다음 빈칸에 들어갈 관용어로 알맞은 것에 ○표 하세요.

> 파리지옥은 영리해서 곤충이 처음 잎의 감각모를 건드릴 때는   있다가 곤충이 다시 건드리면 갑자기 입을 닫아 버린다.

(1) 눈물을 짜고	(2) 시치미를 떼고	(3) 목숨을 바치고
( )	( )	( )

씨앗 박사 우장춘

가 우장춘은 1898년에 조선인 아버지와 일본인 어머니 사이에서 태어났어요. 아버지 우범선은 조선의 군인이었지만 고종의 왕비인 명성 황후를 *시해하는 것을 도와준 뒤 일본으로 *망명했어요. 그래서 우장춘은 일본에서 태어나 일본에서 자랐어요.

㉠어느 날, 우장춘이 일본 아이들에게 조선 사람이라고 따돌림을 받고 길거리에서 울고 있었어요. 그 모습을 본 어머니는 민들레를 가리키며 말씀하셨어요.

"이 민들레는 아무리 짓밟혀도 꽃을 피운단다. 이런 하찮은 꽃도 어려움을 이겨 내는데, 하물며 너처럼 씩씩한 아이가 쉽게 눈물을 보여서야 되겠니? 일본 땅에서 살다 보면 괴로운 일이 많을 거란다. 그렇지만 보란 듯이 이겨 내고 무슨 일이든 열심히 하는 사람이 되거라."

나 ㉡1945년에 우리나라는 일본에게 빼앗긴 주권을 되찾았지만 여전히 식량 문제가 심각했어요. 그래서 우리나라 정부는 우장춘에게 조국으로 돌아와 달라고 요청했어요. ㉢1950년에 한국농업과학연구소의 소장으로 우리나라에 온 우장춘은 곧바로 전국을 돌아다니며 농촌 사정을 조사했어요. 우장춘은 어릴 때 어머니께서 말씀하신 ㉮민들레의 교훈을 생각하며 배추, 무의 씨앗을 만들기 시작했어요. 얼마 되지 않아 6.25 전쟁까지 일어나 나라가 혼란스러웠지만 우장춘은 농촌을 살리겠다는 의지로 1954년 전라남도 진도에서 *원종을 생산하는 데 성공했어요. 마침내 농민들은 우리 땅에서 자란 채소 씨앗을 사다 심을 수 있게 되었어요. ㉣더 이상 일본의 채소 씨앗을 사지 않아도 맛있는 김치를 먹을 수 있는 감격스러운 순간이 온 거예요.

다 우장춘은 다음 단계로 병이 없는 씨감자 품종을 개발하기로 했어요. 그는 우리나라는 물론 세계 각지의 씨감자를 모아 연구를 거듭한 끝에 질 좋은 씨감자를 생산하는 방법을 찾아냈어요. 1959년에 아쉽게도 우장춘은 세상을 떠났지만, 배추와 무에 이어 감자도 우리나라에서 재배하여 먹을 수 있게 되었어요.

*시해하는: 부모나 대통령, 임금 등의 지위가 높은 사람을 죽이는.
*망명했어요: 정치, 사상 등을 이유로 받는 탄압이나 위협을 피하기 위해 몰래 자기 나라를 떠나 다른 나라로 갔어요.
*원종: 재배용 씨앗을 받기 위하여 뿌리는 씨앗.

1

내용 이해

우장춘에 대한 설명으로 알맞은 것은 무엇인가요? (   )

① 조선의 군인이었다.

② 조선에서 태어나 일본으로 망명하였다.

③ 조선인 어머니와 일본인 아버지 사이에서 태어났다.

④ 우리나라의 식량 문제를 해결하기 위하여 노력하였다.

⑤ 일본에서 채소 씨앗을 수입하여 농민들에게 나누어 주었다.

2

내용 이해

㉠~㉣ 중에서 글쓴이의 의견이 담겨 있는 문장의 기호를 쓰세요.

(   )

3

추론

㉮'민들레의 교훈'의 내용으로 알맞은 것은 무엇인가요? (   )

① 항상 정직해야 한다.

② 남에게 베풀면서 살아야 한다.

③ 작은 생명도 소중히 여겨야 한다.

④ 우리 땅에서 자란 채소를 먹어야 한다.

⑤ 어려운 일이 있어도 포기하지 말고 노력해야 한다.

☆ 글 ㉮에서 우장춘의 어머니께서 말씀하신 내용에 담긴 의미를 생각해 봐.

4

어휘·표현

다음 낱말들을 모두 포함하는 낱말은 무엇인가요? (   )

배추	무	감자

① 채소   ② 과학   ③ 품종

④ 김치   ⑤ 민들레

5 글 **나**와 **다**의 중심 내용을 잘 간추린 것에 ○표 하세요.

짜임

(1) 우장춘은 조국으로 돌아와 채소 씨앗을 만들기 시작했다. ( )

(2) 우장춘은 배추, 무의 씨앗과 씨감자 품종을 생산하는 데 성공하였다. ( )

(3) 우리나라는 일본에게 빼앗긴 주권을 되찾았지만 식량 문제가 심각했다. ( )

6 이 글을 읽고 인물에 대한 자신의 생각을 알맞게 말하지 <u>못한</u> 친구는 누구인지 쓰세요.

비판

> 예서: 우장춘은 힘든 상황에서도 우리나라 농업 발전을 위해 헌신했어.
>
> 정원: 우장춘은 어머니의 말씀에 따라 일본에서 일본 사람으로 살았어야 했어.
>
> 선규: 우장춘은 우리 땅에 맞는 채소 씨앗을 개발하려고 전국을 돌아다녔던 거야.

( )

☆ 이 글에서 우장춘이 한 일이나 업적을 잘 살펴봐.

7 다음 신문 기사를 읽고, 우장춘이 개발한 농산물이 <u>아닌</u> 것에 ×표 하세요.

적용·창의

> 우장춘 박사는 당시 새로운 품종에 대해 믿음이 없었던 농민들을 설득하기 위해 일본인 기하라 히토시 박사가 개발한 씨 없는 수박을 키워 선보였다. 우장춘 박사는 얇고 힘없는 배추와 작고 퍽퍽한 무 대신, 지금 우리가 먹는 속이 꽉 찬 배추와 크고 단단한 무를 만들었다. 또 제주도 환경에 맞는 귤 재배 기술을 개발하고, 바이러스 병에 강한 강원도 씨감자를 만들었다.

(1) ( ) (2) ( ) (3) ( ) (4) ( )

📝 내용 정리

⭐ 빈칸에 알맞은 말을 쓰거나 ◯표를 하여 오늘 읽은 글의 내용을 정리해 보세요.

> 　　조선인 아버지와 일본인 어머니 사이에서 태어나 일본에서 자란 우장춘은 우리나라 정부의 요청을 받고 1950년에 조국으로 돌아왔다. 그는 ❶(물, 식량) 문제를 해결하기 위하여 우리 땅에 알맞은 ❷(　　　　　)와 무의 씨앗을 만들었다. 그다음에는 병이 없는 질 좋은 ❸(　　　　　) 품종을 개발하였다.

🔍 어휘 정리

1 빈칸에 알맞은 낱말을 〈보기〉에서 찾아 쓰세요.

> **◯ 보기 ◯**　　　　　　시해　　　　망명　　　　개발

(1) 연구원들이 병충해에 강한 벼 품종을 (　　　　)하고 있다.

(2) 궂은 날씨 때문에 임금을 (　　　　)하려던 계획은 실패하고 말았다.

(3) 윤희순의 가족은 일본의 감시를 피해 중국으로 (　　　　)하여 독립운동을 펼쳤다.

2 밑줄 친 부분의 뜻으로 알맞은 것에 ◯표 하세요.

> 　　우장춘은 사망하기 3일 전에 정부로부터 문화 포장을 받고 눈물을 흘렸다.
> 　　'드디어 조국이 나를 인정해 주는구나. 이제야 다리를 뻗고 잘 수 있겠어.'

(1) 이제야 넓은 방에서 잘 수 있겠어.　　　　　　　　　　　　　(　　　)

(2) 이제야 마음 놓고 편히 잘 수 있겠어.　　　　　　　　　　　　(　　　)

(3) 이제야 무엇을 달라고 요구할 수 있겠어.　　　　　　　　　　(　　　)

뼈

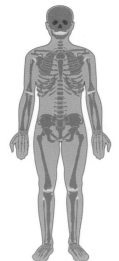

우리 몸에 뼈가 없다면 어떻게 될까요? 똑바로 서지도 못하고 자유롭게 움직이지도 못한 채 축 늘어진 몸으로 살아가야 할 것입니다. 생각만 해도 정말 끔찍한 일이겠지요? 우리 몸에서 뼈는 다음과 같은 중요한 일들을 합니다.

첫째, 뼈는 우리 몸의 형태를 유지해 줍니다. 뼈는 몸의 말랑말랑한 부분을 ㉠지탱하여 쓰러지지 않도록 하고 몸의 형태를 잡아 줍니다. 건물이 뼈대가 약하면 무너지듯이 우리 몸도 뼈가 약하면 몸무게를 견디지 못해 등이 굽거나 다리가 휘기도 합니다.

둘째, 뼈는 우리 몸속의 *기관을 보호해 줍니다. 특히 중요한 역할을 하는 몇몇 뼈는 강철보다 단단하여 외부의 충격으로부터 우리 몸속의 기관들을 지켜 줍니다. 예를 들면, 둥근 모양의 머리뼈는 뇌를 보호해 주고 여러 개의 뼈가 둥글게 연결된 활 모양의 갈비뼈는 심장과 폐 같은 기관을 보호해 줍니다. 그리고 여러 마디의 뼈가 기둥 모양으로 연결된 등뼈는 *척수를 보호해 줍니다.

셋째, 뼈는 몸을 움직일 수 있게 해 줍니다. 뼈와 뼈가 맞닿아 연결되는 부위를 '관절'이라고 하는데, 이 관절을 통해 우리 몸이 움직이게 됩니다. 좌우로 움직일 수 있는 목뼈, 빙글빙글 돌릴 수 있는 팔뼈, 구부릴 수 있는 등뼈, 복잡한 일을 할 수 있는 손뼈 등이 우리 몸을 움직일 수 있게 하는 뼈입니다.

넷째, (㉡) 뼈 속에는 피를 만드는 골수가 들어 있습니다. 이 골수에서 백혈구, 적혈구, 혈소판 등이 만들어집니다. 단단한 뼈 속에서 이런 일들이 벌어지는 게 참 흥미롭습니다.

다섯째, 뼈는 칼슘이나 인 같은 *무기질을 저장합니다. 칼슘이나 인은 우리 몸이 제대로 성장하고 기능하는 것을 조절하는 데 필요한 영양소입니다. 우리 몸속에 칼슘이나 인이 부족해지면 뼈에 저장하고 있던 칼슘이나 인을 피 속으로 내보내 줍니다.

* 기관: 일정한 모양과 기능을 가지고 있으면서 생물의 몸을 구성하는 부분.
* 척수: 척추의 뼈 속에 있는, 신경 세포가 모인 부분.
* 골수: 뼈의 중심부에 가득 차 있는 연한 물질.
* 무기질: 생명체의 뼈대, 혈액 등에 포함되어 있는 칼슘, 인, 철 같은 물질.

1

주제

이 글에서 설명하는 내용은 무엇인가요? (   )

① 근육의 역할   ② 뼈가 하는 일

③ 뼈에 좋은 음식   ④ 우리 몸에 필요한 영양소

⑤ 뼈를 튼튼하게 하는 방법

2

어휘·표현

㉠'지탱하여'와 뜻이 서로 비슷한 낱말이 <u>아닌</u> 것에 ×표 하세요.

(1) 　　버티어　　 (2) 　　견디어　　 (3) 　　관리하여　　

(　　　)   (　　　)   (　　　)

3

주제

㉡에 들어갈 중심 문장으로 알맞은 것의 기호를 쓰세요.

> ㉮ 뼈는 우리 몸의 피를 만들어 줍니다.
>
> ㉯ 뼈는 우리 몸의 피를 맑게 해 줍니다.
>
> ㉰ 뼈는 우리 몸속에 피를 보관해 줍니다.

(　　　　　　　　)

☆ ㉡ 다음에 이어지는 뒷받침 문장들을 대표할 수 있는 중심 문장을 찾아봐.

4

내용 이해

이 글에 쓰인 다음 문장을 사실과 의견으로 구별하여 각각 기호를 쓰세요.

> ㉮ 등뼈는 척수를 보호해 줍니다.
>
> ㉯ 생각만 해도 정말 끔찍한 일이겠지요?
>
> ㉰ 골수에서 백혈구, 적혈구, 혈소판 등이 만들어집니다.
>
> ㉱ 단단한 뼈 속에서 이런 일들이 벌어지는 게 참 흥미롭습니다.

(1) 사실: (　　　　　　　)   (2) 의견: (　　　　　　　)

5

이 글에서 중요한 내용을 간추릴 때 꼭 필요하지 <u>않은</u> 문장은 무엇인가요? (　　　)

① 뼈는 몸을 움직일 수 있게 해 줍니다.

② 뼈는 우리 몸의 형태를 유지해 줍니다.

③ 뼈는 우리 몸속의 기관을 보호해 줍니다.

④ 뼈는 칼슘이나 인 같은 무기질을 저장합니다.

⑤ 뼈가 약하면 몸무게를 견디지 못해 등이 굽거나 다리가 휘기도 합니다.

☆ 중심 문장이 아닌 것을 찾으면 돼.

6

내용 이해

이 글을 읽고 새로 알게 된 사실을 바르게 말한 친구는 누구와 누구인지 쓰세요.

> 은지: 머리뼈는 강철보다 단단하여 뇌를 보호해 줘.
> 동원: 뼈와 뼈가 맞닿아 연결되는 부위를 '골수'라고 해.
> 민규: 등뼈는 몸을 곧게 세우거나 구부릴 수 있게 해 줘.
> 세영: 손으로 복잡한 일을 할 수 있는 것은 손뼈가 가늘기 때문이야.

(　　　　　　　　　)

7

적용·창의

다음은 우리 몸의 어느 뼈에 해당하는지 이 글에서 찾아 쓰세요.

(1)

(2)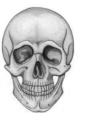

(3)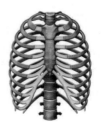

(　　　　　)　(　　　　　)　(　　　　　)

내용 정리

★ 빈칸에 알맞은 말을 쓰거나 ○표를 하여 오늘 읽은 글의 내용을 정리해 보세요.

> 우리 몸에서 뼈는 중요한 일들을 한다. 먼저 뼈는 우리 몸의 형태를 ❶(유지해, 방어해) 준다. 또 우리 몸속의 ❷(　　　　　)을/를 보호해 주고, 관절을 통해 몸을 움직일 수 있게 해 준다. 그리고 뼈는 우리 몸의 ❸(　　　)을/를 만들어 주며, 칼슘이나 인 같은 ❹(　　　　　　)을/를 저장한다.

어휘 정리

1 빈칸에 알맞은 낱말을 ○보기○에서 찾아 쓰세요.

> ○보기○　　　　　　관절　　　　무기질　　　　충격

(1) 다행히 잔디밭에 넘어져서 (　　　　　　)을 덜 받았다.

(2) 우리 몸에서 (　　　　　　)이 부족하면 뼈와 치아가 약해진다.

(3) 할머니께서는 무릎 (　　　　　　)에 통증을 느껴 병원에 가셨다.

2 밑줄 친 관용어의 뜻으로 알맞은 것에 ○표 하세요.

> 아버지께서는 나와 동생에게 <u>뼈와 살이 되는</u> 말씀을 많이 들려주셨다.

(1) 도움이 되는　　　(2) 핀잔을 주는　　　(3) 견디기 힘든

(　　)　　　　　　(　　)　　　　　　(　　)

기후에 따라 다른 옷차림

1 사람은 동물에 비해 몸에 털이 많지 않아서 기온의 영향을 쉽게 받아요. 그래서 우리 조상들의 옷차림은 날씨의 영향을 많이 받았어요. 날씨가 추우면 긴 옷이나 두꺼운 옷을 입고 날씨가 더우면 짧은 옷이나 얇은 옷을 입지요. 우리나라보다 더 춥거나 더운 지역에 사는 사람들은 어떤 옷차림을 했을지 궁금하지 않나요? 기후에 따라 옷차림이 어떻게 다른지 대표적인 두 지역을 소개할게요.

2 먼저 엄청나게 추운 북극 지방의 옷차림부터 살펴볼까요? 알래스카, 시베리아 등의 북극 지방에 사는 이누이트 족은 동물의 가죽으로 옷을 만들어 입었어요. 그들은 매서운 추위를 이겨 내기 위하여 주위에서 흔히 볼 수 있는 바다표범이나 순록의 가죽으로 만든

▲ 아노락을 입은 이누이트 족

'아노락'이라는 옷을 만들어 입었어요. 아노락은 속옷과 겉옷으로 이루어져 있어요. 아노락의 속옷은 털을 안쪽으로 대어 옷 안에 따뜻한 공기를 머물게 하여 체온이 떨어지는 것을 막아 주어요. 아노락의 겉옷은 가죽을 바깥쪽으로 덧대어 눈과 비에 젖지 않게 하였고, 겉옷의 위쪽에는 늑대의 털로 만든 모자가 달려 있어요. 아노락 덕분에 이누이트 족은 영하 40도의 추위에도 살아남을 수 있었어요.

3 이번에는 변덕스러운 날씨가 특징인 베트남의 옷차림을 살펴볼까요? ㉠베트남 사람들은 '농'이라는 원뿔 모양의 모자를 만들어 썼어요. ㉮ ㉡베트남은 햇볕이 뜨겁게 내리쬐다가도 언제 그랬냐는 듯이 비가 쏟아지는 *열대 기후에 속하기 때문이에요. ㉢농은 물이 잘 스며들지 않는 야자나무 잎으로 만들어서 비가 내릴 때 우산처럼 쓸 수 있어요. ㉣햇볕이 뜨거울 때에는 양산, 더울 때에는 부채로 쓰이기도 해요.

▲ 농을 쓴 베트남 여인

4 이처럼 기후는 사람들의 옷차림에 많은 영향을 끼친답니다. 기후의 변화에 따라 알맞은 옷차림을 하며 살아가는 사람들의 지혜가 대단하지 않나요?

* 열대 기후: 일 년 내내 매우 덥고 비가 많이 오는 열대 지방의 기후.

1

주제

이 글에서 가장 중심이 되는 낱말을 두 가지 찾아 ○표 하세요.

| 눈 | 비 | 기후 | 옷차림 | 아노락 |

☆ 글의 제목에 중심이 되는 낱말이 드러나 있어.

2

내용 이해

'아노락'에 대한 설명으로 알맞지 <u>않은</u> 것은 무엇인가요? (   )

① 이누이트 족이 입던 옷이다.

② 열대 기후에 어울리는 옷차림이다.

③ 늑대의 털로 만든 모자가 달려 있다.

④ 바다표범이나 순록의 가죽으로 만들었다.

⑤ 아노락의 속옷은 털을 안쪽으로 대어 만들었다.

3

주제

❸문단의 ㉠~㉣ 중에서 중심 문장은 어느 것인지 기호를 쓰세요.

(   )

4

추론

㉮에 들어갈 이어 주는 말로 알맞은 것은 무엇인가요? (   )

① 그러나   ② 그리고

③ 하지만   ④ 그러므로

⑤ 왜냐하면

☆ 앞 문장에 나온 '결과'와 뒤 문장에 나온 '원인'을 이어 주는 말을 생각해 봐.

5 짜임

②~③문단의 중요한 내용을 간추린 것입니다. 빈칸에 알맞은 말을 쓰세요.

> 북극 지방에 사는 이누이트 족은 매서운 추위를 이겨 내기 위하여 바다표범이나 순록의 가죽으로 (1)'(   )'이라는 옷을 만들어 입었다. 열대 기후의 베트남 사람들은 뜨거운 햇볕과 비를 막아 내기 위하여 야자나무 잎으로 (2)'(   )'이라는 원뿔 모양의 모자를 만들어 썼다.

6 어휘·표현

다음 중 낱말의 관계가 <u>다른</u> 하나는 무엇인가요? (   )

① 더위 – 추위

② 속옷 – 겉옷

③ 주위 – 주변

④ 얇은 – 두꺼운

⑤ 젖지 – 마르지

7 비판

이 글을 읽고 자신의 생각을 알맞게 말한 친구는 누구인지 쓰세요.

> 나연: 베트남 사람들이 원뿔 모양의 모자를 만들어 쓴다고 했는데, 글쓴이가 그 까닭을 자세하게 설명해 주었으면 해.
>
> 승원: 글쓴이는 옷차림이 날씨의 영향을 전혀 받지 않는다고 했는데, 내 생각은 달라. 추울 때와 더울 때의 옷차림이 다른 것만 봐도 알 수 있잖아.
>
> 정서: 나도 글쓴이처럼 기후와 옷차림은 밀접한 관계가 있다고 생각해. 그리고 날씨의 변화에 따라 옷차림을 바꾸는 것은 지혜로운 행동이라고 생각해.

(   )

☆ 이 글에서 글쓴이가 말하고 싶은 생각이 무엇인지 파악해 봐.

내용 정리

★ 빈칸에 알맞은 말을 넣어 오늘 읽은 글의 내용을 정리해 보세요.

기후에 따라 다른 옷차림

북극 지방의 이누이트 족

• 영하 40도의 추위에 대비함.
• 아노락: 동물의 ❶(   )(으)로 만든 옷으로, 털을 덧대어 따뜻함.

열대 기후의 ❷(   ) 사람들

• 변덕스러운 날씨에 대비함.
• 농: 야자나무 잎으로 만든 ❸(   ) (으)로, 뜨거운 햇볕과 비를 막아 줌.

어휘 정리

1 다음 문장에 알맞은 낱말을 (   ) 안에서 골라 ○표 하세요.

⑴ 넓은 들판에 함박눈이 펑펑 (쏟아지고, 솟구치고) 있다.

⑵ 우리 가족은 알뜰한 엄마의 (영향, 영양)을 받아 물건을 아껴 쓴다.

2 빈칸에 들어갈 관용어로 알맞은 것에 ○표 하세요.

> 햇볕이 쨍쨍 내리쬐는 곳에서 쉬지 않고 일하면 ▨▨▨▨▨ 수 있으니 조심하세요.

⑴ 떡이 생길 → 뜻밖에 이익이 생긴다는 뜻.   (   )

⑵ 군침을 삼킬 → 음식 따위를 보고 먹고 싶어서 입맛을 다신다는 뜻.   (   )

⑶ 더위를 먹을 → 여름철에 더위 때문에 몸에 이상 증세가 생긴다는 뜻.   (   )

아름다운 제주도를 다녀와서

1 우리 가족은 지난주 금요일에 2박 3일 일정으로 제주도에 다녀왔다. 부모님의 결혼 10주년을 맞아 떠난 가족 여행이었다. 나와 동생 승민이는 제주도 여행이 처음이라 ⟨ ㉠ ⟩ 마음에 들떠서 잠도 푹 자지 못했다.

"엄마가 깨우지도 않았는데 모두 알아서 척척 일어나고. 역시 여행이 좋긴 좋구나."

"그럼요, 유네스코가 세계 자연 유산으로 지정한 제주도에 가는 역사적인 날이잖아요."

2 김포 공항에서 비행기를 탄 지 한 시간 만에 제주 공항에 도착했다. 우리는 공항 근처에 있는 갈치조림 맛집에서 점심을 먹은 뒤 천지연 폭포를 보러 갔다.

울창한 숲길을 따라 15분 정도 걸으니 책에서 보았던 천지연 폭포가 눈앞에 펼쳐졌다. 22미터의 절벽 위에서 떨어지는 하얀 물줄기가 정말 멋졌다. 우렁차게 울려 퍼지는 물줄기 소리에 답답했던 가슴이 뻥 뚫리는 듯했다. 폭포 아래 연못 속에는 천연기념물로 지정된 열대어 무태장어가 *서식하고 있다고 한다. 우리는 천지연 폭포를 배경으로 가족 사진을 찍었다.

3 천지연 폭포에서 나온 우리는 곧바로 성산 일출봉으로 출발했다. 한라산만큼 높지 않아서 성산 일출봉을 얕잡아 보았던 승민이와 나는 가파른 계단이 너무 많아서 숨을 헐떡이며 한참을 올라갔다. 드디어 성산 일출봉 정상에 도착했다.

"성산 일출봉은 약 5천 년 전 물의 깊이가 얕은 바닷가에서 화산이 터져 생긴 *사발 모양의 *분화구입니다. 분화구의 면적은 월드컵 경기장 30개에 달합니다."

문화 해설사 선생님의 설명이 귀에 쏙쏙 들어왔다. 드넓은 성산 일출봉 분화구에서 불어오는 바람은 일출봉에 올라갈 때 맺힌 땀방울을 닦아 주는 기분이었다.

4 세계 자연 유산과 천연기념물, 세계 *지질 공원으로 지정된 성산 일출봉을 눈으로 직접 보니 마음이 엄청 뿌듯했다. 다음에 또 제주도 여행을 오게 된다면 새벽에 성산 일출봉에 올라 해 뜨는 모습도 보고 싶다.

---

* 서식하고: 생물이 일정한 곳에 자리를 잡고 살고.
* 사발: 위는 넓고 아래는 좁으며 굽이 있는 사기 그릇.
* 분화구: 화산이 폭발할 때 가스, 수증기, 화산재, 용암 등이 내뿜어져 나오는 구멍.
* 지질: 지구 표면을 이루고 있는 암석이나 땅의 성질이나 상태.

1
글쓴이는 언제 어디로 가족 여행을 갔는지 쓰세요.

(1) 언제: (　　　　　　　　　　　　　　　)

(2) 어디로: (　　　　　　　　　　　　　　　)

2
㉠에 들어갈 말로 알맞은 것은 무엇인가요? (　　　)

① 무서운　　　　　　　　　② 설레는

③ 피곤한　　　　　　　　　④ 안타까운

⑤ 짜증나는

3

이 글에 나타난 사실이 <u>아닌</u> 것은 무엇인가요? (　　　)

① 성산 일출봉은 화산이 터져 생긴 분화구이다.

② 글쓴이는 천지연 폭포에서 가족 사진을 찍었다.

③ 천지연 폭포 연못 속에는 무태장어가 살고 있다.

④ 글쓴이는 성산 일출봉에서 해 뜨는 모습을 보았다.

⑤ 천지연 폭포는 22미터의 절벽 위에서 물줄기가 떨어진다.

☆ 글쓴이가 실제로 한 일, 본 일, 들은 일이 아닌 것을 찾아봐.

4

다음 뒷받침 문장이 들어갈 위치로 알맞은 문단의 번호를 쓰세요.

> 아빠께서 하늘과 땅이 만나 이루어진 연못이라는 의미를 담고 있다고 말씀해 주셨다.

(　　　　　　　　　　)문단의 맨 뒤

5

낱말의 관계가 [보기]와 같이 짝 지어진 것은 무엇인가요? (   )

> **○ 보기 ○**
>
> 출발하다 – 도착하다

① 얕다 – 깊다   ② 근처 – 근방

③ 엄청 – 무척   ④ 가파르다 – 비탈지다

⑤ 답답하다 – 갑갑하다

6

글쓴이가 이동한 장소를 [보기]에서 찾아 순서대로 기호를 쓰세요.

> **○ 보기 ○**
>
> ㉮ 김포 공항   ㉯ 제주 공항   ㉰ 성산 일출봉
>
> ㉱ 천지연 폭포   ㉲ 갈치조림 맛집

집 ➡ (   ) ➡ (   ) ➡ (   ) ➡ (   ) ➡ (   )

7

비판

이 글을 읽고 자신의 생각을 바르게 말한 친구에게 ○표 하세요.

(1) 형호: 성산 일출봉은 한라산보다 낮지만 둘레가 꽤 넓구나.   (   )

(2) 민선: 천지연 폭포의 물줄기가 갈수록 약해진다니 안타까워.   (   )

(3) 선규: 수천 년 동안 파도에 깎여 성산 일출봉이 만들어졌나 봐.   (   )

(4) 우주: 성산 일출봉이 세계적으로 인정받는 날이 빨리 왔으면 좋겠어.   (   )

☆ 이 글에 나타난 사실을 바탕으로 하여 자신의 생각을 바르게 말한 친구를 찾아봐.

📝 내용 정리

⭐ 빈칸에 알맞은 말을 넣어 오늘 읽은 글의 내용을 정리해 보세요.

> 부모님의 결혼 10주년을 맞아 지난주 금요일에 ❶(　　　　　)(으)로 가족 여행을 갔다.

➡️

> ❷(　　　　　　　)에서 비행기를 타고 제주 공항에 도착하여 바로 갈치조림 맛집에서 점심을 먹었다.

⬇️

> 맨 처음 ❸(　　　　　　　)(으)로 가서 절벽 위에서 떨어지는 물줄기를 보고 가족 사진도 찍었다.

⬅️

> 성산 일출봉 정상에서 약 5천 년 전 ❹(　　　　)이/가 터져 생긴 사발 모양의 분화구를 보았다.

🔍 어휘 정리

1 다음 문장에 알맞은 낱말을 (　　) 안에서 골라 ◯표 하세요.

(1) 어젯밤에 잠을 (쩍, 푹) 잤더니 머리가 맑아졌다.

(2) 오랜만에 바다에 오니 속이 (뻥, 텅) 뚫리는 것 같다.

(3) 선생님의 말씀이 머리에 (쏙쏙, 쌩쌩) 들어와 공부가 잘된다.

2 빈칸에 알맞은 낱말을 o 보기 o에서 찾아 쓰세요.

o 보기 o	지질　　　　서식　　　　지정

(1) 금강에는 여러 종류의 물고기가 (　　　　)한다.

(2) 나라에서 (　　　　)한 문화재를 잘 보존해야 한다.

(3) 과학자들은 (　　　　)을 분석하여 지진이 일어난 원인을 밝혀냈다.

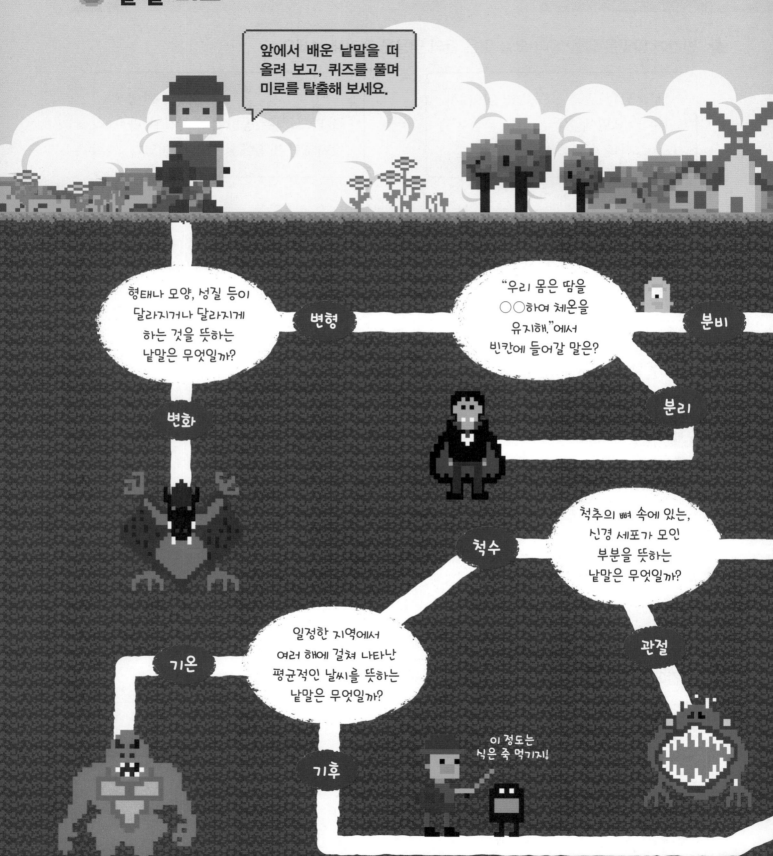

얼핏 보면 같은 그림이지만, 다른 부분이 여섯 군데나 있어요. 어느 부분인지 찾아보세요.

정답 및 해설 16쪽에서 확인하세요.

의견이 담긴 글

의견이 담긴 글에는 주장하는 글, 제안하는 글, 부탁하는 글, 광고 등이 있어요. 읽는 이에게 의견을 전하기 위해 쓴 글이지요. 의견이 담긴 글은 글쓴이의 의견과 그 까닭을 파악하며 읽어야 해요. 그리고 글쓴이의 의견과 자신의 의견을 비교해 보면 더 좋아요.

비법 주제 >> **주장 파악하기**

주장이 드러난 문장의 예
• 자연을 보호해야 한다.
• 친구의 별명을 부르지 않았으면 좋겠습니다.
• 물을 아껴 씁시다.

주장은 어떤 문제에 대하여 상대방을 설득하려고 내세우는 글쓴이의 생각을 말해.

보통 주장은 "~해야 한다.", "~하면 좋겠습니다.", "~ 합시다.", "~하자."와 같은 말로 표현한다는 것을 꼭 알아 두도록!

예시 문제 글쓴이의 주장으로 알맞은 것에 ○표 하세요.

안녕하세요? 저는 15층에 사는 ○○초등학교 3학년 강민영입니다. 얼마 전에 엘리베이터 안에서 위험한 일을 겪어서 이렇게 편지를 쓰게 되었습니다.

제가 엘리베이터에 탔을 때 남자아이 두 명이 서로 밀치고 쿵쾅쿵쾅 뛰면서 심한 장난을 치고 있었습니다. 그 바람에 엘리베이터가 덜컹 흔들리기까지 했습니다. 또 엘리베이터가 1층에 도착하여 제가 내리려고 할 때에는 어른 두 분이 저를 밀치고 엘리베이터 안으로 들어오셨습니다. 저는 앞을 가로막은 어른들을 헤치고 내리다가 그만 닫히는 엘리베이터 문에 어깨를 부딪히고 말았습니다.

아파트 엘리베이터는 여러 사람이 다 같이 이용하는 시설입니다. <u>엘리베이터를 이용할 때 위험한 행동을 하지 않았으면 좋겠습니다.</u> 좁은 엘리베이터 안에서 심한 장난을
　　　　　　　　　　글쓴이의 주장
치지 말고, 엘리베이터 안에 있던 사람이 먼저 내린 뒤에 천천히 타 주세요. 그렇지 않으면 큰 사고가 일어날 수 있습니다.

(1) 어른을 공경하자. 　　　　　　　　　　　　　　　　　　　　　　　(　　)

(2) 엘리베이터 대신 계단을 이용하자. 　　　　　　　　　　　　　　　(　　)

(3) 엘리베이터를 이용할 때 위험한 행동을 하지 말자. 　　　　　　　　(　　)

연습 문제 1 ㉠~㉢ 중에서 글쓴이의 주장이 드러난 부분의 기호를 쓰세요.

㉠휴대 전화 문자 메시지를 보낼 때 띄어쓰기를 전혀 하지 않고 보내는 사람들이 있습니다. 문자 메시지를 쓰는 사람은 편할지 모르지만 그것을 읽는 사람은 그렇지가 않습니다. 문장을 쓸 때 왜 띄어쓰기를 해야 할까요?

아기가죽을먹는다.

혹시 '아기 가죽을 먹는다.'라고 읽은 사람은 없나요? 띄어쓰기를 제대로 하지 않으면 '아기가 죽을 먹는다.'라는 원래 의미가 '아기 가죽을 먹는다.'라는 의미로 잘못 전달될 수 있습니다.

㉡띄어쓰기는 우리말을 쓰는 사람들이 지키기로 한 약속입니다. ㉢띄어쓰기에 따라 문장의 뜻이 달라질 수 있으니 띄어쓰기를 꼭 하도록 합시다.

(   )

연습 문제 2 다음 글에서 글쓴이의 주장은 무엇인지 빈칸에 알맞은 말을 쓰세요.

요즘은 온갖 과일과 채소를 계절에 상관없이 일 년 내내 먹을 수 있다. 비닐하우스에서 재배된 딸기와 수박을 한겨울에도 먹을 수 있게 되었다. 하지만 제철 음식을 먹는 것이 가장 좋다.

제철 음식은 맛이 좋고 영양이 풍부하다. 비와 바람, 햇빛을 제때에 맞고 자란 제철 과일과 채소에는 우리 몸이 필요로 하는 영양소가 듬뿍 들어 있다. 또 제철 음식은 안전하다. 밭에서 나는 제철 과일과 채소의 경우, 농약이나 화학 비료가 바람이나 비에 씻겨 나가 비닐하우스에서 재배하는 과일과 채소보다 안전하다.

(   )을/를 먹자

'문제 상황'이란 생활 속에서 불편하거나 바꾸었으면 하는 일이나 상황을 뜻해.
주장하는 글에는 **글쓴이가 왜 그런 주장을 내세우게 되었는지를 알 수 있는** 문제 상황이
드러나 있지. 주로 **글의 처음 부분**에 나와.

[문제 상황] 위험하게 무단 횡단을 하는 친구가 있다.
[주장] 길을 건널 때에 신호를 잘 지키자.

예시 문제 ㉠~㉤ 중에서 글쓴이가 생각하는 문제 상황으로 알맞은 것은 무엇인가요? (　　　)

㉠요즘 거리를 걷다 보면 외국어로 된 간판이 정말
많다. '헤어 숍', '북 카페', '패션 월드' 등과 같은 간판은
〈글쓴이가 주장을 하게 된 원인〉
마치 외국에 온 듯한 착각마저 들게 한다. 우리말에 적
절한 낱말이 없어서 외국어를 받아들인 경우도 있겠지
만, 버젓이 우리 고유의 한글이 있는데도 외국어를 사

▲ 외국어로 된 간판

용한다. ㉡가게 주인들이 아름다운 우리말을 살려 쓰면 좋겠다.
〈글쓴이의 주장〉
㉢왜냐하면 굳이 외국어를 사용하지 않아도 우리 고유의 한글로 얼마든지 나타낼 수
있기 때문이다. 또 ㉣어렵고 낯선 외국어보다 우리말이 부르기도 쉽고, 우리 정서에도
더 알맞기 때문이다.
　외국어를 무분별하게 사용하다 보면 미래에는 우리 고유의 한글이 점점 사라질 수도
있다. 그렇게 되지 않으려면 ㉤우리의 자랑스러운 한글을 지키고 널리 알리는 데 모두
가 앞장서야 한다.

① ㉠　　　　② ㉡　　　　③ ㉢
④ ㉣　　　　⑤ ㉤

다음 글을 읽고 글쓴이가 문제 상황으로 말한 것에 ○표 하세요.

> 최근 스마트폰 사용이 늘어나면서 가족 간의 대화 시간이 급격히 줄어들고 있습니다. 가족끼리 할 말이 있을 때에도 문자 메시지로 간단하게 주고받는 것을 당연하게 생각합니다. 최근 여성 가족부에서 조사한 결과에 따르면, 가족 간 대화 시간이 하루 평균 29분 정도로 나타났습니다. 가족 간의 대화가 절실히 필요합니다.
>
> 가족 간의 대화 시간을 늘리려면 먼저 스마트폰 사용 규칙을 정하고 가족이 함께 보내는 시간을 만들어야 합니다. 예를 들어, 가족과 더불어 할 수 있는 취미 생활을 찾거나 다 같이 모여 식사하는 시간을 갖는 것도 좋습니다.

(1) 가족이 함께 취미 생활을 하지 않는 것 　　　　　　　　　　　(　　　)

(2) 가족 모두가 스마트폰을 가지고 있는 것 　　　　　　　　　　(　　　)

(3) 가족 간의 대화 시간이 급격히 줄어들고 있는 것 　　　　　　(　　　)

다음 글에 나타난 문제 상황은 무엇인지 빈칸에 알맞은 말을 쓰세요.

> 입주민 여러분, 안녕하세요?
> 녹슬고 고장 난 자전거가 아파트 곳곳에 방치되어 있습니다. 버려진 자전거로 인해 주민들이 통행에 불편을 겪고 있어 한 가지 제안을 드리고자 합니다.
> 우리 아파트 자전거 보관소 및 지하 주차장에 오랫동안 방치된 자전거를 수리하여 필요한 분들에게 드리면 어떨까요? 자전거를 소유하고 계신 입주민들은 관리실에서 나누어 드리는 스티커를 사용 중인 자전거에 부착해 주시면 됩니다. 스티커가 붙어 있지 않은 자전거는 버려진 것으로 알고 수리하여 이웃에게 나누어 주면 좋을 것 같습니다.
>
> 　　　　　　　　　　　　　　　　　　　　　　행복아파트 관리소장 올림

➡ 아파트 곳곳에 (　　　　　　　　　　　　　　　)이/가 방치되어 있다.

비법 추론 >> 문장의 의미 짐작하기

글을 읽다 보면 어떤 문장은 읽자마자 바로 이해되지만, 어떤 문장은 '이게 도대체 무슨 뜻이지?' 하면서 아리송할 때가 있어. 글쓴이가 말하고 싶은 내용을 살짝 숨기거나 돌려 말할 때 우린 그 의미를 짐작해 봐야 하지.

글을 읽다가 이해가 안 되는 문장이 나왔다고?

그럴 땐 당황하지 말고 <u>앞뒤 문장을 통해 그 숨은 뜻을 파악</u>해 보자.

예시 문제   ㉠의 의미를 바르게 말한 친구는 누구인지 쓰세요.

내가 이야기하고 있는데 중간에 끼어들어 "그게 아니거든.", "네 말은 틀렸어."라고 말하는 친구가 있어요. 반대로 내가 이야기할 때 고개를 끄덕이면서 끝까지 들어 주는 친구가 있어요. 여러분은 두 친구 중에서 어느 쪽에 가깝나요?

우리 주변에는 남의 말을 듣지 않고 무조건 자기 말만 많이 하려는 사람들이 있어요. ㉠<u>말을 많이 한다고 해서 말을 잘하는 것은 아니에요.</u> 말을 잘하려면 먼저 남의 말을 잘 들어야 해요.

앞으로 친구와 이야기를 할 때는 내 말만 맞다고 고집부리지 말고 친구의 말을 끝까지 귀 기울여 들도록 해요. 그러고 나서 내 말을 해도 늦지 않아요.

> 앞뒤 문장을 통해
> ㉠의 의미를 파악해 볼까?

혜선: 말을 빨리 하는 게 말을 잘한다는 뜻이야.

재규: 말을 안 해야 말을 잘할 수 있게 된다는 뜻이야.

주형: 말을 많이 하는 것과 말을 잘한다는 것은 다르다는 뜻이야.

(   )

연습 문제 1 ㉠을 통해 말하려는 것은 무엇인지 (   ) 안에서 알맞은 낱말을 골라 ○표 하세요.

> 메모는 칠판에 써 있는 내용을 그대로 베껴 쓰는 노트 필기가 아닙니다. 메모란 머릿속에 있는 생각을 정리하면서 옮겨 적는 것을 말합니다.
>
> 메모를 하면 해야 할 일과 중요한 일을 까먹지 않게 되어 실수를 줄일 수 있습니다. 또 복잡한 생각을 정리하는 데 도움이 됩니다.
>
> ㉠메모는 기억보다 강하다고 합니다. 따라서 기억해야 할 일이 있을 때마다 메모하는 습관을 들입시다.

(메모, 기억)의 중요성

연습 문제 2 ㉠에 담겨 있는 의미로 알맞은 것에 ○표 하세요.

> 우리 교실에는 잃어버린 학용품을 모아 놓는 '주인을 찾아 주세요'라는 이름의 상자가 마련되어 있습니다. 이 상자에 주인을 찾는 학용품이 없어야 바람직하겠지만, 그것은 쉽지 않은 일이겠지요. 그런데 ㉠요즈음 이 상자를 보면 해도 해도 너무한다는 생각이 듭니다. 연필은 이미 통에 꽉 차서 꽂을 자리가 없습니다. 또 지우개는 우리 반 친구들의 숫자보다 더 많이 들어 있습니다.
>
> 지금부터 이 문제에 대하여 토의를 해 보려고 합니다. 잃어버린 학용품을 줄이기 위한 좋은 의견을 말씀해 주십시오.

(1) 비싼 학용품을 학교에 가지고 다니는 친구들이 많다.   (   )

(2) 잃어버린 학용품을 모아 놓는 곳에 학용품들이 넘쳐 난다.   (   )

(3) 잃어버린 학용품을 모아 놓는 곳에서 친구들이 몰래 학용품을 가져간다. (   )

비법 비판 >> 근거의 적절성 평가하기

주장하는 글에서 <u>주장을 뒷받침하는 내용</u>을 '근거'라고 해. 주장하는 내용이 설득력을 얻으려면 이 근거가 적절해야 해.

근거가 적절한지 어떻게 알 수 있냐고? 일단 글쓴이가 제시한 <u>근거가 주장과 관련되어 있는지</u> 확인해. 그리고 그 <u>근거가 주장을 뒷받침하고 있는지, 근거로 제시한 내용이 믿을 수 있는 사실인지</u> 등을 판단하면 돼. 자, 지금부터 근거를 샅샅이 파헤쳐 보자.

예시 문제 ㉠, ㉡의 근거가 적절한지 바르게 평가한 친구에게 ○표 하세요.

박물관이나 미술관의 전시장에는 소중한 유물이나 작품들이 전시되어 있어요. 그런데 <u>전시장에서 관람 예절을 제대로 지키지 않는 어린이들이 생각보다 많아요. 전시장에서는 다음과 같은 예절을 지켜야 해요.</u>
글쓴이가 생각하는 문제 상황
글쓴이의 주장

첫째, ㉠<u>전시된 작품을 함부로 만지지 말아야 해요.</u> 전시되어 있는 작품 하나하나에는 온 힘을 기울인 예술가들의 혼이 담겨 있어요. 이런 작품을 상하게 하는 것은 예술가의 노력을 헛되게 만드는 행동이에요.

둘째, ㉡<u>전시장에 진열된 작품은 마음대로 사진을 찍어도 돼요.</u> 전시장에 있는 작품들은 여러 사람이 다 같이 보라고 전시한 것이에요. 따라서 아무 곳에서나 사진을 찍어도 상관없어요.

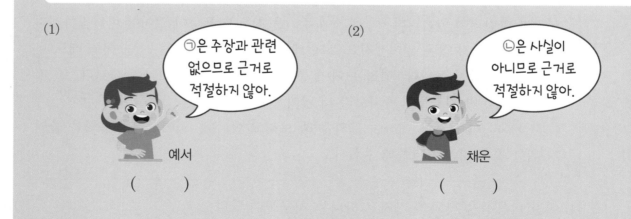

(1) ㉠은 주장과 관련 없으므로 근거로 적절하지 않아.

예서

(　　　)

(2) ㉡은 사실이 아니므로 근거로 적절하지 않아.

채운

(　　　)

㉠이 주장에 대한 근거로 적절한 까닭에 ○표 하세요.

> 자연을 지나치게 개발하고 환경이 오염되면서 지구상의 수많은 동식물이 자꾸만 사라져 가고 있습니다. 이런 상태가 계속된다면 지구상의 모든 생물은 결국 멸종될 것입니다. 따라서 지구의 미래를 위해서라도 자연을 보호해야 합니다. 자연을 보호해야 하는 까닭은 다음과 같습니다.
>
> 첫째, ㉠자연은 인간에게 아름답고 풍요로운 휴식처를 제공해 줍니다. 그래서 많은 사람이 아름답고 평화로운 자연 속에서 편안하게 휴식을 취하고 건강하게 살아갑니다.

(1) 주장과 관련되어 있는 내용이어서   (   )

(2) 주장보다 문장의 길이가 더 길어서   (   )

(3) 주장과 관련 없지만 믿을 수 있는 사실이어서   (   )

정수가 근거의 적절성을 평가한 내용은 ㉠, ㉡ 중에서 무엇에 해당하는지 기호를 쓰세요.

> 교장 선생님, 급식 시간에 자율 배식을 할 수 있도록 해 주세요.
>
> 제가 이런 제안을 드리는 까닭은 ㉠자기가 직접 음식을 담으면 음식물 쓰레기를 줄일 수 있기 때문입니다. 급식 담당 선생님께서 배식을 해 주시면 자기가 좋아하는 반찬만 골라 먹고, 자기가 싫어하는 음식은 먹지 않고 남기는 학생이 너무 많습니다.
>
> 또 ㉡학생들이 영양분을 골고루 섭취하게 되어 건강한 생활을 할 수 있기 때문입니다. 자기가 좋아하는 음식 위주로 먹어야 우리 몸은 더 건강해집니다.

> 정수: 이 근거는 음식을 골고루 먹었을 때의 좋은 점을 말한 것으로서 글쓴이의 주장을 설득력 있게 뒷받침하지 못해. 그래서 근거로 적절하지 않아.

(   )

참다운 *개성을 갖추려면

우리는 사람들에 대하여 말할 때 "저 사람은 개성이 있다." 또는 "그 사람은 개성이 강하다."라는 말을 하곤 합니다. 그리고 대부분의 사람들은 자기만의 독특한 개성을 가지고 싶어 합니다. 그러나 실제로는 남을 흉내 내고 유행에 휩쓸려 개성을 잃는 사람들이 많습니다. 참다운 개성을 갖추려면 어떻게 해야 할까요?

㉠먼저 남과 다른 나다움을 키워야 합니다. 사람은 저마다 타고난 생김새가 다르고 능력도 다릅니다. 키가 큰 사람이 있는가 하면 작은 사람도 있고, 음악을 잘하는 사람이 있는가 하면 운동을 잘하는 사람도 있습니다. 자기의 생김새와 능력이 남과 다르다는 것을 인정하고, 자기가 지닌 특성을 잘 *계발하여 나다움을 키울 때에 참다운 개성을 갖출 수 있게 될 것입니다.

또 ㉡유행에 휩쓸리지 않고 자기에게 어울리는 모습을 만들어 가야 합니다. 요즈음에는 텔레비전에 나오는 연예인들의 겉모습을 흉내 내어 그들과 똑같은 옷을 입거나 똑같은 머리 모양을 하는 친구들이 많습니다. 이것은 단지 ㉮흉내 내기에 지나지 않습니다.

그리고 ㉢남을 따라서 행동해야 합니다. 처음부터 자기만의 독특한 개성을 갖출 수는 없습니다. 다른 사람들의 행동을 따라 해야만 자기에게 딱 어울리는 개성을 찾을 수 있습니다. '㉣*모방은 *창조의 어머니이다.'라는 말이 있듯이 남을 흉내 내다 보면 어느새 자기만의 개성을 갖출 수 있게 될 것입니다.

이처럼 참다운 개성을 갖추려면 남들과 다른 나다움을 키워야 합니다. 그리고 유행에 휩쓸리지 않고 자기에게 어울리는 모습을 만들어 가야 합니다. 이렇게 노력할 때 우리는 비로소 참다운 개성을 갖춘 사람이 될 수 있을 것입니다.

*개성: 다른 것과 구별되는 고유의 특성.
*계발하여: 지능이나 재능, 사상 등을 일깨워 발전시켜.
*모방: 다른 것을 본뜨거나 남의 행동을 흉내 냄.
*창조: 전에 없던 것을 처음으로 만들거나 새롭게 이룩함.

1

글쓴이가 생각하는 문제 상황으로 알맞은 것에 ○표 하세요.

(1) 사람들마다 개성이 너무 강한 것   (   )

(2) 사람들마다 타고난 생김새와 능력이 다른 것   (   )

(3) 남을 흉내 내고 유행에 휩쓸려 개성을 잃는 사람들이 많은 것   (   )

☆ 첫 번째 문단에 글쓴이가 생각하는 문제 상황이 나타나 있어.

2

주제

글쓴이가 주장하는 내용은 무엇인가요? (   )

① 남을 따라서 행동하자.

② 옷차림을 단정히 하자.

③ 예의 바른 사람이 되자.

④ 텔레비전 보는 시간을 줄이자.

⑤ 참다운 개성을 갖추기 위해 노력하자.

3

비판

㉠~㉢ 중에서 다음 평가와 관련 있는 것의 기호를 쓰세요.

> 참다운 개성을 갖추기 위한 방법이 아니므로 주장을 뒷받침하는 근거로 적절하지 않다.

(   )

☆ ㉠~㉢이 글쓴이의 주장을 뒷받침하기에 알맞은 근거인지 생각해 봐.

4

어휘·표현

다음에서 설명한 낱말을 이 글에서 찾아 쓰세요.

> 자기 자신을 가리키는 '나'에 '특성이나 자격이 있음.'의 뜻을 더하는 '-답다'를 변형하여 붙인 것으로, 남과 다른 자신의 특성을 일컫는 낱말이다.

(   )

5 　㉮'흉내 내기'에 속하는 행동과 거리가 **먼** 것은 무엇인가요? (　　　)

내용 이해

① 유행하는 옷을 사서 입는다.
② 연예인의 겉모습을 따라 한다.
③ 자기가 지닌 특성을 잘 계발한다.
④ 유명한 가수와 똑같은 머리 모양을 한다.
⑤ 남을 따라 자기의 생김새와 어울리지 않는 치장을 한다.

6 　㉣의 의미를 바르게 말한 친구는 누구인지 쓰세요.

추론

> 은진: 모방을 하면 절대 창조를 할 수 없다는 말이야.
> 재현: 모방을 통해 새로운 것을 창조할 수 있다는 말이야.
> 기태: 모방을 하는 것이 창조하는 것보다 더 훌륭하다는 말이야.

(　　　　　　　　)

☆ '모방'과 '창조'의 낱말 뜻을 떠올린 다음, ㉣ 뒤의 내용을 통해 모방을 왜 창조의 어머니라고 했을지 짐작해 봐.

7 　이 글의 내용을 바탕으로 하여 소민이에게 충고할 말로 알맞은 것에 ○표 하세요.

적용·창의

(1) 소민아, 앞으로 외모를 가꾸는 일에도 관심을 가졌으면 좋겠어.　　(　　　)
(2) 소민아, 유행에 뒤떨어진 친구를 따돌리는 건 옳지 못한 행동이야.　　(　　　)
(3) 소민아, 유행을 좇다 보면 너만의 개성을 잃을 수 있다는 걸 알았으면 좋겠어.

(　　　)

☆ 이 글의 내용과 관련지어 소민이가 고쳐야 할 점을 찾아봐!

📝 내용 정리

⭐ 빈칸에 알맞은 말을 쓰거나 ◯표를 하여 오늘 읽은 글의 내용을 정리해 보세요.

문제 상황	남을 흉내 내고 유행에 휩쓸려 개성을 ❶(얻는, 잃는) 사람들이 많다.
실천 방법	• 남과 다른 ❷(　　　　　　　　　)을/를 키워야 한다. • 유행에 휩쓸리지 않고 자기에게 어울리는 모습을 만들어 가야 한다.
글쓴이의 주장	노력하면 참다운 ❸(　　　　　)을/를 갖춘 사람이 될 수 있다.

🔍 어휘 정리

1 빈칸에 알맞은 낱말을 ◦보기◦에서 찾아 쓰세요.

◦보기◦　　　　　　　계발　　　유행　　　모방

(1) (　　　　　)이 지난 옷이지만 아직도 입을 만하다.

(2) 이모는 글 쓰는 소질을 (　　　　　)하여 작가가 되셨다.

(3) 더 이상 남의 예술 작품을 (　　　　　)하지 말고 자기만의 것을 창조해야 한다.

2 빈칸에 들어갈 관용어로 알맞은 것에 ◯표 하세요.

경민: 판매원이 요즘 초등학생 사이에 이 머리핀이 유행한다기에 샀어.
윤아: 넌　　　　　　　게 탈이야.

(1) 귀가 얇은 → 남의 말을 쉽게 받아들인다는 뜻.　　　　　　　　　　　　(　　　)

(2) 손이 매운 → 손으로 슬쩍 때려도 몹시 아프다는 뜻.　　　　　　　　　　(　　　)

(3) 눈이 높은 → 정도 이상의 좋은 것만 찾는 버릇이 있다는 뜻.　　　　　　(　　　)

어린이 독서량 적다

 ㉠현대 사회를 *정보화 사회라고 합니다. 정보화 사회에서는 정보를 빠르고 정확하게 받아들이는 것이 중요합니다. 정보를 얻는 중요한 방법 중의 하나가 책을 읽는 것입니다. 그런데 우리나라 성인의 평균 독서량은 1년에 7.5권이라고 합니다. 한 달에 한 권의 책도 읽지 않는 셈입니다.

 책을 읽지 않는 현상은 어른에게만 나타나는 것이 아닙니다. 어린이는 어른에 비해 책을 많이 읽는 편이지만 우리나라 어린이의 독서량은 다른 나라 어린이에 비해 매우 적은 편입니다. 어린이의 독서량을 늘리기 위해서는 어떤 노력이 필요할까요?

 먼저 ㉡가정에서 부모가 책 읽는 모범을 보여야 합니다. 부모가 책을 많이 읽을 때 그 자녀도 책을 많이 읽게 됩니다. 부모와 자녀가 같은 책을 읽고 책 내용에 대해서 이야기를 주고받으면 더욱 효과가 있습니다.

 ㉢학교에서는 책 읽기를 권장하고 격려해야 합니다. 독서와 관련된 행사를 열어 학생들이 책에 흥미를 가질 수 있도록 해야 합니다. 또 교과서 내용과 관련된 다양한 책들을 찾아 읽고 활발하게 *토의하도록 하는 것도 좋은 방법입니다.

 각 지역 도서관에서는 어린이들이 쉽게 책을 접할 수 있는 환경을 만들어 주어야 합니다. 어린이 열람실에는 어린이들의 수준에 맞고 어린이들의 관심을 끌 수 있는 여러 분야의 책을 갖추어 놓아야 합니다. 그리고 어린이들의 독서를 체계적으로 지도할 수 있는 독서 교사를 두는 것이 좋습니다.

 무엇보다 어린이 스스로 늘 책을 가까이하는 생활 습관을 지녀야 합니다. 어렵거나 흥미가 없는 책을 읽다 보면 책을 싫어하게 될 수도 있습니다. 따라서 자기의 수준과 읽는 목적에 맞는 책을 골라 일정한 시간을 정하여 꾸준하게 책 읽는 습관을 들이는 것이 매우 중요합니다.

＊정보화 사회: 정보가 중요한 자원이 되어 가치를 만들어 내고 사회나 경제를 이끌어 가는 사회.
＊권장하고: 좋은 일에 힘쓰도록 권하고 북돋아 주고.
＊토의하도록: 여러 사람이 어떤 문제에 대해 자세히 따지고 의논하도록.

1

짜임

이 글을 쓴 방법에 대하여 바르게 말한 것에 ○표 하세요.

(1) 시간의 순서에 따라 썼다.   (   )

(2) 두 대상의 공통점과 차이점을 중심으로 썼다.   (   )

(3) 해결할 문제와 그에 대한 해결 방법을 중심으로 썼다.   (   )

☆ 글쓴이가 어떤 짜임으로 글을 썼는지 글 전체를 살펴봐.

2

추론

㉠에 담긴 의미를 알맞게 말한 친구는 누구인지 쓰세요.

> 진영: 현대 사회는 정보가 중심이 되는 사회라는 뜻이야.
>
> 효주: 현대 사회는 정보가 많이 부족한 사회라는 뜻이야.
>
> 수호: 현대 사회를 살아가는 데 많은 정보가 필요 없다는 뜻이야.

(   )

3

내용 이해

글쓴이가 정보를 얻는 중요한 방법 중의 하나로 말한 것은 무엇인지 이 글에서 찾아 두 글자로 쓰세요.

(   )

4

내용 이해

글쓴이가 생각하는 문제 상황으로 알맞은 것은 무엇인가요? (   )

① 마을에 도서관이 없는 것

② 우리나라 어린이의 독서량이 적은 것

③ 부모와 자녀 간에 대화 시간이 부족한 것

④ 어린이들이 자기 수준에 맞지 않는 책을 읽는 것

⑤ 어린이들이 학원에 다니느라 책 읽을 시간이 부족한 것

☆ 글쓴이가 해결하고 싶은 문제는 무엇인지 생각해 봐.

5 주제

이 글에 나타난 글쓴이의 주장은 무엇인가요? (　　　)

① 어린이 도서관을 짓자.

② 즐겁게 책을 읽는 마음을 갖자.

③ 부모가 자녀보다 책을 더 많이 읽자.

④ 책을 통해 정보를 얻는 것이 가장 좋다.

⑤ 어린이의 독서량을 늘리기 위한 노력이 필요하다.

6 비판

©, ©의 근거가 적절한지 바르게 평가한 것에는 ○표, 바르게 평가하지 **못한** 것에는 ×표 하세요.

(1) 효진: ©은 어린이의 독서량을 늘리기 위한 방법으로 주장과 관련되어 있어. 그러므로 근거로 적절해. (　　　)

(2) 수혁: ©은 어린이의 독서량이 늘어난 상황을 상상한 것이므로 근거로 적절하지 않아. (　　　)

7 적용·창의

독서를 권장하기 위한 표어로 알맞은 것을 두 가지 고르세요. (　　　　)

① 하루 위해 낭비 말고 백 년 위해 저축하자

② 좋은 책이 좋은 사람을 만든다

③ 올바른 분류 배출 깨끗한 우리 환경

④ 책은 정다운 벗이요, 훌륭한 스승이다

⑤ 우리 모두의 책입니다. 눈으로만 깨끗이!

☆ 독서를 권장하기 위한 표어는 사람들에게 책을 읽고 싶은 마음을 가지게 하는 내용이어야 해.

📝 내용 정리

★ 빈칸에 알맞은 말을 쓰거나 ○표를 하여 오늘 읽은 글의 내용을 정리해 보세요.

문제 상황	우리나라 어린이의 독서량은 매우 ❶(많은, 적은) 편이다.
글쓴이의 주장	어린이의 ❷( )을/를 늘리기 위한 노력이 필요하다.
주장을 뒷받침하는 근거	• 가정에서 ❸( )이/가 책 읽는 모범을 보여 준다. • 학교에서 책 읽기를 권장하고 격려한다. • 각 지역 ❹( )에서는 어린이들이 쉽게 책을 접할 수 있는 환경을 만들어 준다. • 어린이 스스로 늘 책을 가까이하는 생활 습관을 지닌다.

🔍 어휘 정리

1 빈칸에 알맞은 낱말을 ○보기○에서 찾아 쓰세요.

> ○ 보기 ○   효과   흥미   권장

(1) 의사들은 청소년에게 운동을 하라고 적극 (   )한다.

(2) 누나는 요즘 외국어 공부에 (   )을/를 붙이고 있다.

(3) 꾸준히 약을 먹었더니 점차 (   )이/가 나타나기 시작했다.

2 밑줄 친 관용어의 뜻으로 알맞은 것에 ○표 하세요.

> 수아: 엄마, 이 책이 제 수준에 맞을 것 같아요.
> 엄마: 우리 수아가 <u>보는 눈이 있구나.</u> 엄마도 그 책을 추천하려고 했단다.

(1) 긴장하였던 마음이 풀어졌구나.   (   )

(2) 사람이나 일을 보고 판단하는 능력이 있구나.   (   )

ⓐ머그잔을 잡으면

모두가 좋아요

일회용품 대신 다회용품을 사용하는 우리의 작은 행동이 모여
나무를 살리고 풍요로운 자연을 만들어 갑니다.
그리고 ⓑ 그 속에서 우리는 더욱 건강한 삶을 살아갑니다.

일회용 컵 대신 머그잔 사용! 모두를 위한 좋은 습관입니다!

kobaco

공익광고협의회

＊머그잔: 손잡이가 달려 있고 받침 접시가 없는 사기나 도자기로 만든 원통형의 큰 컵.
＊일회용품: 한 번만 쓰고 버리도록 만들어진 물건.
＊다회용품: 여러 번 쓸 수 있도록 만들어진 물건.
＊풍요로운: 매우 많아서 넉넉함이 있는.

1

내용 이해

이 광고에서 문제 상황으로 볼 수 있는 것에 ○표 하세요.

(1)
물을 펑펑
쓰는 것

( )

(2)
일회용 컵을
사용하는 것

( )

(3)
사람들이 머그잔을
좋아하는 것

( )

☆ 어떤 문제를 해결하려고 이 광고를 만들었을지 생각해 봐.

2

추론

㉠에 담긴 의미로 알맞은 것의 기호를 쓰세요.

> ㉮ 모든 사람이 머그잔을 좋아한다.
> ㉯ 머그잔으로 차를 마시면 기분이 좋아진다.
> ㉰ 머그잔을 사용하면 자연과 우리 모두에게 좋다.

( )

☆ 광고의 제목 아래에 있는 내용을 통해 제목에 담긴 의미를 짐작해 봐.

3

어휘·표현

이 광고에서 '다회용품'에 포함되는 낱말을 찾아 쓰세요.

( )

4

내용 이해

이 광고의 내용으로 알맞지 <u>않은</u> 것은 무엇인가요? ( )

① 일회용 컵 대신 머그잔을 사용해야 한다.
② 일회용품보다 다회용품 사용이 편리하다.
③ 다회용품을 사용하면 자연을 살릴 수 있다.
④ 일회용 컵을 사용하지 않는 것이 좋은 습관이다.
⑤ 자연이 풍요로워야 우리도 건강한 삶을 살아갈 수 있다.

5 주제

이 광고에서 주장하는 것은 무엇인가요? (   )

① 차를 많이 마시자.

② 산에 나무를 많이 심자.

③ 쓰레기를 분류 배출하자.

④ 일회용 컵의 사용을 줄이자.

⑤ 머그잔을 사용할 때 주의하자.

6 비판

ⓛ, ⓒ의 근거가 적절한지 바르게 평가한 친구는 누구인지 쓰세요.

> 수정: ⓛ은 다회용품을 사용하면 좋은 점을 말한 것으로 주장을 뒷받침하기에 알맞아. 그러므로 근거로 적절해.
>
> 진희: ⓒ은 일회용품을 사용하면 좋은 점을 말한 것으로 주장과 관련되어 있지 않아. 그러므로 근거로 적절하지 않아.

(   )

☆ ⓛ, ⓒ이 광고에서 주장하는 내용을 뒷받침하고 있는지 생각해 봐.

7 적용·창의

이 광고를 보고 반성해야 할 사람은 누구인지 쓰세요.

> • 머그잔에 우유를 따라 마시는 동생
> • 회사에서 일회용 컵에 커피를 타서 마시는 아빠
> • 보온병에 마실 물을 담아서 공원 산책을 나가시는 엄마

(   )

📝 내용 정리

★ 빈칸에 알맞은 말을 쓰거나 ○표를 하여 오늘 읽은 글의 내용을 정리해 보세요.

> 일회용 컵 대신 ❶(   )을/를 사용하자는 주장을 내세우기 위하여 손에 머그잔을 들고 있는 사진을 제시하였다. 일회용품 대신 다회용품을 사용하면 풍요로운 ❷(   )을/를 만들게 되고, 그 속에서 우리는 ❸(부유한, 건강한) 삶을 살아가게 된다는 내용을 전하는 광고이다.

🔍 어휘 정리

1 다음 문장에 알맞은 낱말을 ( ) 안에서 골라 ○표 하세요.

(1) 새해에는 편식하는 (습관, 전통)을 고치기로 마음먹었다.

(2) 사람들은 누구나 (어려운, 풍요로운) 미래를 꿈꾸며 살아간다.

(3) 나무젓가락, 플라스틱 빨대 같은 (일회용품, 다회용품)은 환경을 오염시킨다.

2 다음은 이 광고와 관련 있는 신문 기사 내용입니다. 빈칸에 들어갈 관용어로 알맞은 것에 ○표 하세요.

> 골목마다 쌓여 있는 일회용품 쓰레기가 사람들의   한다.

(1) 귀청이 떨어지게	(2) 눈살을 찌푸리게	(3) 엉덩이가 무겁게
( )	( )	( )

1 현재 우리나라에는 우리와 외모나 언어, 문화가 다른 사람들이 200만 명이 넘게 살고 있어요. 2050년에는 그 인구가 우리나라 전체 인구의 5퍼센트 이상을 차지할 것으로 *전망하고 있어요. 그런데 그들이 우리와 피부색이 다르고 우리보다 못사는 나라에서 왔다고 무시하고 싫어하는 사람들이 있어요. 지금 전 세계는 여러 인종과 문화가 섞여 살아가는 다문화 사회가 되었어요. 따라서 특정한 민족이나 문화가 더 뛰어나다고 따지는 것은 어리석은 일이에요. 이런 때일수록 우리와 다른 다양한 문화를 이해하고 받아들여야 해요. 그렇다면 다문화 사회를 어떤 태도로 대해야 할까요?

2 첫째, ㉠다문화 사회를 대할 때 *편견과 차별 없이 있는 그대로 바라보아야 해요. 우리나라 사람의 대다수는 다른 인종이나 문화에 대하여 여전히 부정적인 태도를 갖고 있어요. '피부색이 검을수록 못살고 더럽다.'는 편견에 사로잡혀 흑인이나 동남아시아 사람을 차별하는 것은 부끄러운 일이에요. 앞으로는 피부색과 그가 속한 사회나 문화를 연결 지어 생각하지 않도록 해요.

3 둘째, ㉡다문화 사회를 대할 때 서로의 차이와 다름을 인정해야 해요. 여러분은 혹시 숟가락이나 젓가락으로 음식을 먹는 것은 청결하다고 생각하면서, 인도 사람들이 손으로 음식을 먹는 것은 너무 불결하다고 생각하고 있지는 않나요? 우리나라 문화를 기준으로 다른 문화를 평가하고 판단해서는 안 돼요. 우리가 한국 사람으로서 우리 문화를 자랑스럽게 생각하는 것처럼 다른 나라에서 온 사람들 역시 자기 문화에 대한 *긍지를 갖고 있어요. 이것은 서로 다른 문화의 차이일 뿐, 그것을 이유로 차별을 해서는 안 돼요.

4 ㉢다양한 인종과 문화가 함께 섞여 있는 다문화 사회가 지금 우리나라의 모습이에요. 편견과 차별 없이 우리와 다른 다양한 문화를 이해하고 받아들이도록 이제부터 함께 노력해요.

＊전망하고: 앞날을 미리 예상하고.
＊편견: 공평하고 올바르지 못하고 한쪽으로 치우친 생각.
＊긍지: 떳떳하고 자랑스럽게 여기는 마음.

1

글쓴이가 생각하는 문제 상황으로 알맞은 것은 무엇인가요? (   )

① 우리나라에 인구가 너무 많은 것

② 우리나라 문화가 다양하지 못한 것

③ 우리와 다른 문화를 가진 사람들을 무시하는 것

④ 우리 문화에 대하여 사람들의 긍지가 부족한 것

⑤ 다른 나라에서 우리나라 문화가 차별받고 있는 것

2

글쓴이의 주장이 잘 드러나게 빈칸에 들어갈 제목을 붙인 것은 무엇인가요? (   )

① 손으로 음식을 먹지 말자

② 젓가락을 올바르게 사용하자

③ 우리 문화를 자랑스럽게 여기자

④ 다양한 문화를 이해하고 받아들이자

⑤ 편견을 가지고 다문화 사회를 바라보자

3

다음과 같은 뜻을 가진 낱말을 이 글에서 찾아 쓰세요.

> 둘 이상의 대상을 합당한 이유 없이 차이를 두어 구별하는 것.

(   )

4

■~■ 문단 중에서 다음에 해당하는 문단을 두 개 찾아 번호를 쓰세요.

> • 주장을 뒷받침하는 근거가 드러나 있다.
> • 다문화 사회를 대하는 우리의 태도에 대하여 알려 주고 있다.

(   )

☆ 주장하는 글에서 주장을 뒷받침하는 근거는 가운데(본론) 부분에 드러나 있어.

5 비판

⊙, ⓒ의 근거가 적절한지 바르게 평가한 친구에게 ○표 하세요.

(1) 재석: ⊙은 다문화 사회를 받아들이자는 주장을 설득력 있게 뒷받침하지 못하므로 근거로 적절하지 않아. ( )

(2) 화영: ⓒ은 다문화 사회를 대하는 우리의 올바른 태도를 말한 것으로 주장과 관련되어 있어. 그러므로 근거로 적절해. ( )

6 추론

ⓒ에 담긴 의미로 알맞은 것의 기호를 쓰세요.

㉮ 우리나라는 지금 다문화 사회이다.
㉯ 우리나라는 다문화 사회에서 멀어지고 있다.
㉰ 우리나라는 지금 편견과 차별 없이 다양한 문화를 받아들이고 있다.

( )

7 적용·창의

글쓴이의 주장을 바르게 실천한 모습으로 알맞은 것을 두 가지 찾아 ○표 하세요.

(1)

( )

(2)

( )

(3)

( )

(4)
야, 깜둥이!
( )

📝 내용 정리

⭐ 빈칸에 알맞은 말을 쓰거나 ○표를 하여 오늘 읽은 글의 내용을 정리해 보세요.

문제 상황	우리와 ❶( )이/가 다르고 우리보다 못사는 나라에서 온 사람들을 무시하고 싫어하는 사람들이 있다.
글쓴이의 주장	다양한 ❷( )을/를 이해하고 받아들이도록 노력하자.
근거	• 다문화 사회를 대할 때 편견과 차별 없이 있는 그대로 바라본다. • 다문화 사회를 대할 때 서로의 차이와 다름을 ❸(인정한다, 부정한다).

🔍 어휘 정리

1 다음 문장에 알맞은 낱말을 ( ) 안에서 골라 ○표 하세요.

⑴ 결승전 경기가 어떻게 될지 (전망, 소망)하기가 어렵다.

⑵ 삼촌은 의사라는 직업에 대하여 (긍지, 긍지)를 가지고 있다.

⑶ 장애인이기 때문에 능력이 없을 것이라는 (편견, 칭찬)을 버려라.

2 밑줄 친 부분과 관련 있는 관용어에 ○표 하세요.

> 유진이는 우리와 다른 문화를 지닌 <u>친구들을 많이 알고 있다.</u>

⑴ 발이 넓다	⑵ 발을 빼다	⑶ 발이 저리다
( )	( )	( )

저작권 *침해

1 3학년 2반 친구들, 안녕?

　여러분이 '겨울'을 주제로 하여 쓴 동시를 잘 읽었어요. 대부분의 친구들은 자신의 생각이나 느낌을 담아 동시를 잘 썼더군요. 그런데 인터넷에 있는 다른 사람이 쓴 시를 베낀 친구들도 있었어요. 그래서 이렇게 선생님이 학급 게시판에 글을 쓰는 거예요.

　여러분은 혹시 '저작권'이라는 말을 들어 본 적이 있나요? 책이나 영화, 음악 같은 것은 모두 누군가가 오랜 시간과 많은 노력을 들여 창작해 낸 *저작물이에요. 저작권이란 사람의 생각이나 감정을 표현한 저작물에 대하여 그것을 만든 사람에게 주는 *권리를 말해요. 우리는 저작권을 보호하기 위하여 노력해야 해요. 저작권을 보호해야 하는 까닭은 다음과 같아요.

2 첫째, 저작물은 *저작자의 재산이기 때문이에요. 저작자는 글, 음악, 영화, 게임 등의 저작물을 만들기 위해 많은 시간과 노력과 돈을 들여요. 그리고 ㉠저작자는 자신의 저작물을 다른 사람이 이용하도록 허락하는 대가로 돈을 받아요. 그러므로 저작물은 저작자의 재산이라고 할 수 있어요.

　둘째, ㉡저작권을 보호하면 더 좋은 저작물이 많이 만들어지기 때문이에요. 우리가 정당하게 사용료를 내고 영화나 음악을 구입하면 저작자는 저작권료를 받게 되어 창작 활동에 *전념할 수 있어요. 이처럼 저작권은 저작자의 창작 의욕을 북돋아 우리가 더 훌륭한 저작물을 즐길 수 있게 해 주지요.

3 여러분, 남이 쓴 글을 몰래 베끼는 건 남의 물건을 훔치는 도둑질과 다름없어요. ㉢남의 저작물을 허락 없이 함부로 쓰게 되면 처벌을 받을 수 있어요. 앞으로는 우리 친구들이 저작권을 보호하기 위해 노력했으면 좋겠어요. 남의 글을 베끼지 말고 스스로 창작하여 멋진 저작자가 되어 보는 건 어떨까요?

＊침해: 남의 땅이나 권리, 재산 따위를 범하여 해를 끼침.
＊저작물: 예술, 문학, 학술 또는 창조적 활동의 결과로 만들어 낸 창작물.
＊권리: 어떤 일을 하거나 다른 사람에게 요구할 수 있는 정당한 힘이나 자격.
＊저작자: 학문이나 예술 등 어떤 분야에 관한 책이나 작품 따위를 지은 사람.
＊전념할: 오직 한 가지 일에만 마음을 쏨.

1
내용 이해

글쓴이가 생각하는 문제 상황으로 알맞은 것에 ○표 하세요.

(1) 다른 사람이 쓴 시를 베낀 학생들이 있는 것 　　　　　　　　　　　(　　)

(2) 학급에서 물건이 없어지는 사고가 일어난 것 　　　　　　　　　　(　　)

(3) 학생들이 인터넷에서 무료로 영화를 내려받아 본 것 　　　　　　(　　)

2
내용 이해

이 글을 통해 알 수 있는, 저작권에 대한 설명으로 알맞지 <u>않은</u> 것은 무엇인가요?

(　　)

① 학생이 창작한 글에도 저작권이 있다.

② 학생은 저작권을 지키지 않아도 된다.

③ 저작권을 지키지 않으면 처벌을 받을 수 있다.

④ 저작물은 저작자의 허락을 받고 사용할 수 있다.

⑤ 글, 음악, 영화, 게임 등을 창작한 사람에게 주는 권리이다.

3
어휘·표현

㉠에서 말하는 '돈'은 무엇인지 글 **2**에서 찾아 네 글자로 쓰세요.

(　　　　　　)

4
짜임

글 **1**~**3** 중에서 다음 글이 들어갈 위치로 알맞은 곳의 번호를 쓰세요.

> 　저작권 보호는 우리의 문화를 발전시키는 데 큰 도움이 되기 때문이에요. 저작권을 보호하면 수준 높은 우리의 저작물을 세계에 널리 알릴 수 있고, 문화 상품을 전 세계에 수출하여 큰 이익을 얻을 수 있어요.

(　　　　　　)

☆ 주장하는 글에서 주장을 뒷받침하는 근거가 들어갈 위치를 찾아봐.

5 주제

이 글에 나타난 글쓴이의 주장은 무엇인지 빈칸에 알맞은 말을 쓰세요.

> (   )을/를 보호하자.

6 비판

다음은 ⓛ이 근거로 적절한지 평가한 것입니다. (   ) 안에서 알맞은 말을 골라 ○표 하세요.

> 저작권을 (1)(보호했을, 보호하지 않았을) 때의 (2)(좋은 점, 나쁜 점)을 들어 주장을 설득력 있게 뒷받침하였으므로 근거로 적절하다.

7 적용·창의

ⓒ에 해당되지 <u>않는</u> 경우를 두 가지 찾아 기호를 쓰세요.

> ㉮ 주말을 맞아 온 가족이 극장에 가서 영화를 관람했다.
> ㉯ 내가 좋아하는 연예인 사진을 마음대로 인터넷에 올렸다.
> ㉰ 인터넷에서 무료로 내려받은 음악 파일을 친구에게 선물했다.
> ㉱ 내가 직접 그린 그림을 파일로 만들어서 학급 게시판에 올렸다.
> ㉲ 유명 작가가 쓴 책의 내용을 일부분만 고쳐서 글짓기 대회에 출품했다.

(   )

내용 정리

★ 빈칸에 알맞은 말을 쓰거나 ○표를 하여 오늘 읽은 글의 내용을 정리해 보세요.

문제 상황	인터넷에 있는 다른 사람의 시를 ❶(베낀, 읽은) 학생들이 있다.
주장	저작권을 ❷(침해, 보호)하기 위하여 노력해야 한다.
근거	• 저작물은 저작자의 ❸( )이기 때문이다. • 저작권을 보호하면 더 좋은 저작물이 많이 만들어지기 때문이다.

어휘 정리

1 빈칸에 알맞은 낱말을 ◦보기◦에서 찾아 쓰세요.

> ◦보기◦   저작권   저작자   저작물

(1) 남의 (   )을/를 함부로 사용하면 안 된다.

(2) 이 사진을 사용하려면 (   )의 허락을 받아야 해.

(3) 만화 캐릭터를 함부로 사용하는 것은 (   ) 침해에 속한다.

2 다음 문장에 알맞은 낱말을 (   ) 안에서 골라 ○표 하세요.

(1) 심판은 (부당, 정당)하게 판정을 해야 한다.

(2) 아무 걱정 없이 공부에만 (전염, 전념)하였다.

(3) 칭찬을 들으니 더 잘하고 싶다는 (의욕, 의심)이 생긴다.

도현이네 반 친구들의 토론

사회자: 학교 교실에서 폭력과 집단 따돌림, 물건을 ㉠분실하는 사건이 매년 늘고 있다고 합니다. 학교 교문이나 복도, 운동장 등에는 학생들의 안전을 위해 감시 카메라가 설치되어 있습니다. 그러나 교실 안에는 감시 카메라가 설치되어 있지 않습니다. 지금부터 '   ㉡   '라는 주제로 토론을 시작하겠습니다. 찬성이나 반대 의견을 먼저 밝히고, 그에 대한 근거를 말씀해 주십시오.

도현: 저는 교실에 감시 카메라를 설치하는 것에 찬성합니다. ㉢교실에 감시 카메라가 있으면 학교 폭력이나 물건을 잃어버리는 사고를 예방할 수 있기 때문입니다. 감시 카메라를 설치하면 누군가 자신을 지켜보고 있다는 생각에 친구를 괴롭히는 등의 나쁜 행동을 하지 못할 것입니다.

승재: 저는 교실에 감시 카메라를 설치하는 것에 반대합니다. ㉣학생들이 감시를 당한다고 느낄 수 있기 때문입니다. 자신도 모르는 사이에 누군가 자신을 엿보고, 녹화하고 있다면 어떤 기분이 들겠습니까? 불안한 마음에 자유롭게 행동할 수가 없을 것입니다.

윤성: 저도 교실에 감시 카메라를 설치하는 것에 반대합니다. ㉤설치하는 데 비용이 많이 들기 때문입니다. 감시 카메라 한 대를 설치하는 데 수십만 원에서 어떤 것은 백만 원이 넘게 든다고 뉴스에서 본 적이 있습니다.

세아: 저는 교실에 감시 카메라를 설치하는 것에 찬성합니다. ㉥학교 폭력이나 집단 따돌림은 교실에서 일어나지 않기 때문입니다. 학교 선생님이나 학생들이 많지 않은 학교 밖에서 주로 폭력이나 집단 따돌림이 일어납니다.

사회자: 여러분의 의견을 잘 들었습니다. 또 다른 의견이 있으신 분은 손을 들어 주시기 바랍니다.

---

* 분실하는: 자기도 모르는 사이에 물건 등을 잃어버리는.
* 감시: 문제나 사고가 생기지 않도록 주의 깊게 지켜봄.

1

내용 이해

사회자가 제시한 문제 상황은 무엇인지 빈칸에 알맞은 말을 쓰거나 ○표 하세요.

> 학교 (1)(   )에서 폭력과 집단 따돌림, 물건을 분실하는 사건
> 이 매년 (2)(줄고, 늘고) 있다.

2

어휘·표현

㉠'분실하는'과 바꾸어 쓸 수 있는 낱말은 무엇인가요? (   )

① 엿보는   ② 예방하는
③ 깨뜨리는   ④ 설치하는
⑤ 잃어버리는

3

추론

㉡에 들어갈 토론 주제로 알맞은 것은 무엇인가요? (   )

① 학교 시험은 필요하다
② 학교에서 체벌은 필요하다
③ 집단 따돌림을 막아야 한다
④ 녹화된 감시 카메라를 공개해야 한다
⑤ 교실에 감시 카메라를 설치해야 한다

☆ 네 명의 토론자가 말한 의견을 통해 토론 주제를 알 수 있어.

4

주제

다음과 같은 의견을 말한 친구는 누구누구인지 각각 쓰세요.

(1)
> 교실에 감시 카메라를 설치하는 것에 찬성한다.

(   )

(2)
> 교실에 감시 카메라를 설치하는 것에 반대한다.

(   )

5 비판

ⓒ~ⓗ 중에서 다음 평가와 관련 있는 것의 기호를 쓰세요.

> 이것은 주장과 관련 없는 내용이므로 근거로 적절하지 않다.

(   )

6 추론

이 토론에서 찬성편 의견을 뒷받침할 근거로 적절하지 **않은** 것에 ×표 하세요.

(1) 학교 폭력에 대한 두려움과 불안감이 줄어들 수 있다. (   )

(2) 교실에서 사건 사고가 일어났을 때 증거가 될 수 있다. (   )

(3) 교실에 감시 카메라로 볼 수 없는 곳도 있어서 폭력 해결에 그다지 도움이 되지 않는다. (   )

7 적용·창의

연아는 이 토론에서 누구의 의견에 반대하여 말한 것인가요? (   )

> 연아: 아파트 엘리베이터나 지하철역 같은 장소에도 감시 카메라가 설치되어 있지만, 대부분 감시당한다고 생각하지 않고 자유롭게 생활합니다.

① 도현   ② 승재   ③ 윤성

④ 세아   ⑤ 사회자

☆ 네 명의 토론자가 말한 의견과 근거를 다시 한번 살펴봐.

★ 빈칸에 알맞은 말을 넣어 오늘 읽은 글의 내용을 정리해 보세요.

	의견	근거
도현	교실에 감시 카메라를 설치하는 것에 ❶( )한다.	교실에 감시 카메라가 있으면 학교 폭력이나 물건을 잃어버리는 사고를 ❷( )할 수 있다.
세아		학교 폭력이나 집단 따돌림은 교실에서 일어나지 않는다.
승재	교실에 감시 카메라를 설치하는 것에 ❸( )한다.	학생들이 감시를 당한다고 느낄 수 있다.
윤성		설치하는 데 ❹( )이/가 많이 든다.

어휘 정리

1 빈칸에 알맞은 낱말을 ㅇ보기ㅇ에서 찾아 쓰세요.

> ㅇ보기ㅇ 　　　　녹화　　　설치　　　감시

(1) 범인이 ( )가 소홀한 틈을 타 도망쳤다.

(2) 최신 비디오카메라로 결혼식 장면을 ( )했다.

(3) 화재에 대비하여 각 가정마다 소화기가 ( )되어 있다.

2 밑줄 친 단위를 나타내는 말이 바르게 쓰인 것을 두 가지 찾아 ○표 하세요.

(1) 비행기 한 대가 하늘을 날고 있다. 　　　　　　　　　　( )

(2) 우리 집에는 컴퓨터가 두 대 있다. 　　　　　　　　　　( )

(3) 형은 늘 필통에 연필 세 대를 넣고 다닌다. 　　　　　　( )

(4) 엄마가 과일 가게에서 포도 다섯 대를 사 오셨다. 　　　( )

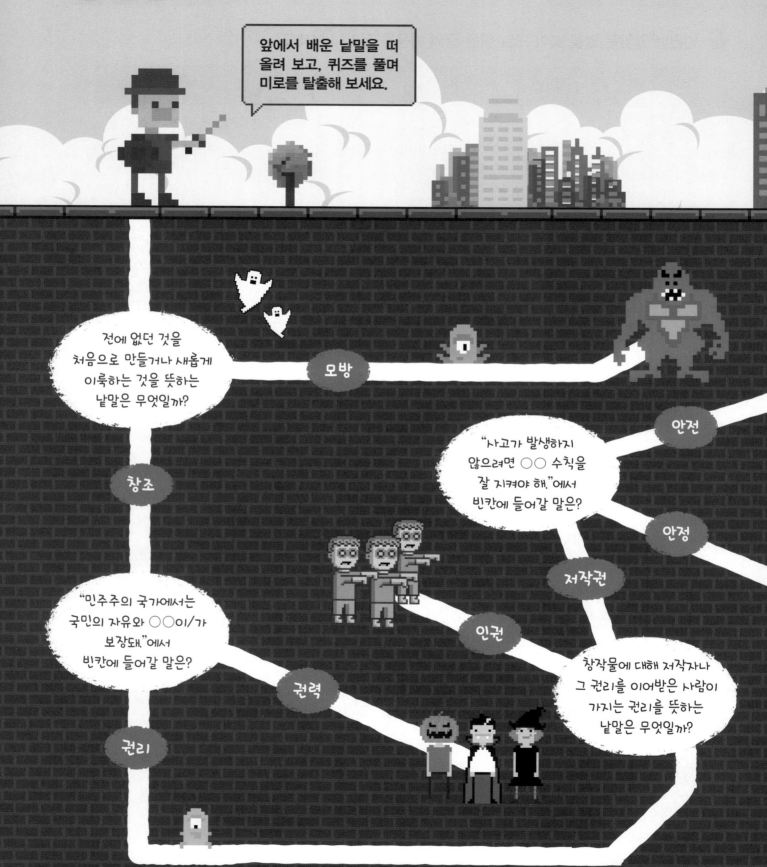

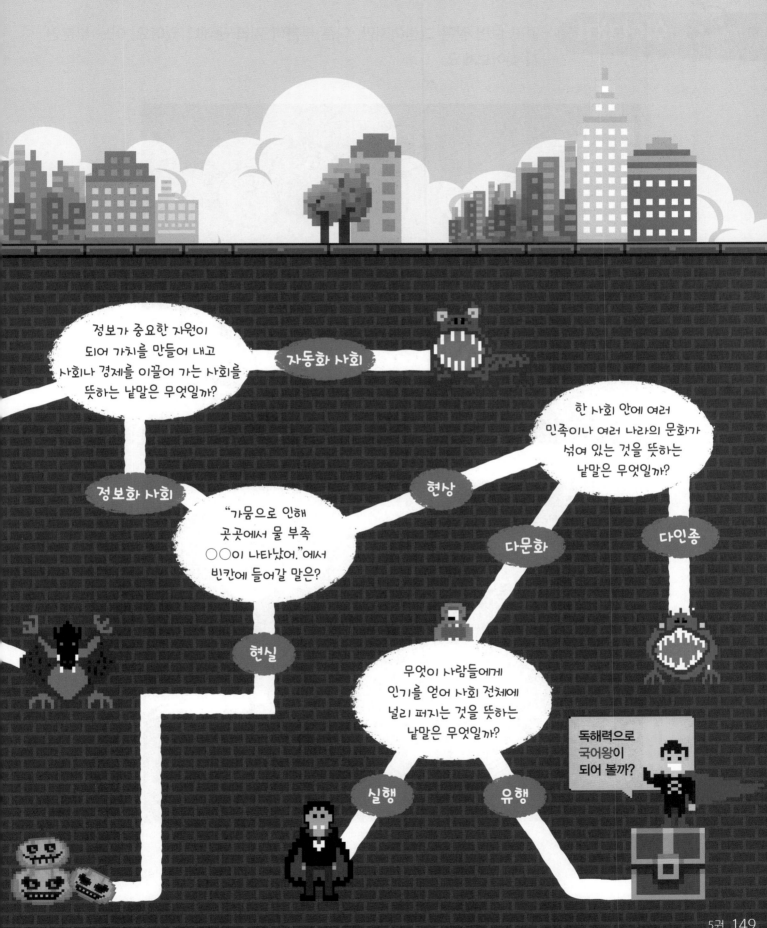

쉬어가기 얼핏 보면 같은 그림이지만, 다른 부분이 일곱 군데나 있어요. 어느 부분인지 찾아보세요.

정답 및 해설 16쪽에서 확인하세요.

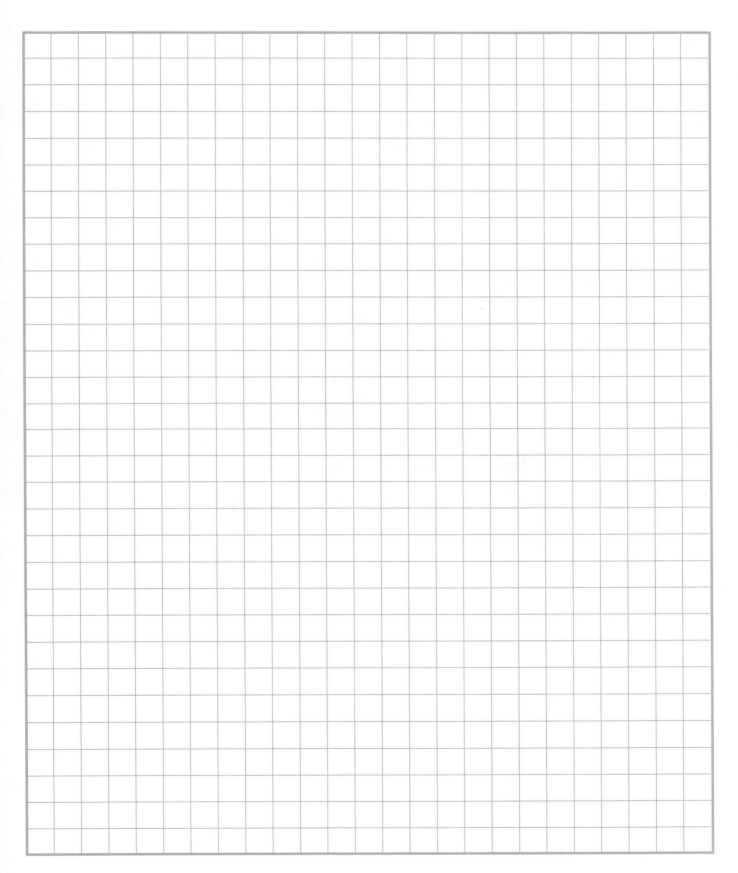

독해 비법이 담긴 기본편 을 완성하였습니다.

이제 본격 실전 문제로 실력을 키워 볼까요?
자, 실력편 으로 출발!

앗!

[정답 및 해설]이 어디 도망갔다고요?
길벗스쿨 홈페이지에 들어오세요.
도서 자료실에 딱 준비되어 있습니다!

기적의 독해력

기본편

정답 및 해설

5 권

① DAY

비법 1	예시	⑤
	연습	1 쌀 삼백 석을 준다
		2 (1) ㉯ (2) ㉮
비법 2	예시	⑤
	연습	1 (3) ○ 2 (1) ㉯ (2) ㉮

비법 1

예시 선비는 농부가 바위를 들어 올리려고 안간힘을 쓰는 모습을 한참 지켜보다가 사라졌습니다.

연습 2 부지런한 농부는 게으른 세 아들에게 포도밭 속에 숨겨 놓은 보물을 찾아서 셋이 나누어 가지라는 유언을 남겼습니다. 세 아들은 아버지가 남기신 보물이 포도나무에 주렁주렁 열린 포도라는 것을 깨닫게 되었습니다.

비법 2

예시 욕심쟁이 할아버지는 더 젊어지고 싶은 마음에 샘물을 너무 많이 마셔서 갓난아기가 되었습니다.

연습 1 몸에서 열이 난 것이 원인이 되어 엄마가 주신 해열제를 먹은 결과가 일어났습니다.

② DAY

비법 3	예시	(3) ○
	연습	1 ④ 2 (3) ○
비법 4	예시	(2) ○
	연습	1 (1) × 2 미다스 왕

비법 3

예시 당나귀는 소금이 강물에 녹은 것처럼 솜도 강물에 녹을 것이라고 생각하여 일부러 강물에 빠진 것입니다. 강물에 젖은 솜은 도리어 더 무거워진다는 내용이 들어가야 뒤의 문장과 자연스럽게 연결됩니다.

연습 2 작은 돌멩이들이 있었고 물병 입구까지 물이 차올라 물을 마셨다는 내용이 나오므로, 까마귀가 물병 안에 돌멩이들을 집어넣었다는 내용이 들어가야 자연스럽습니다.

비법 4

예시 처녀가 바다에 몸을 던진 것은 청년이 죽었다고 생각했기 때문이지, 청년과 결혼할 마음이 없어서가 아닙니다.

연습 2 미다스 왕은 사랑하는 딸이 황금으로 변한 모습을 보고 나서야 디오니소스를 찾아가 황금으로 변하게 하는 능력을 없애 달라고 애원했습니다.

③ DAY

1 (예전에) 언니가 신던 장화	2 (3) ○	3 ㉰	4 ④
5 ③, ⑤	6 채희	7 (1) ○	

내용 정리	❶ 갯벌 ❷ 장화 ❸ 호미
어휘 정리	1 (1) 망가졌다 (2) 챙겼다 (3) 대여해
	2 (1) 절대 (2) 잔뜩 (3) 급히

1 언니가 신던 장화를 세영이한테 신으라고 해서 세영이가 화가 난 것입니다.

2 세영이가 언니가 신던 장화를 신지 않겠다고 고집을 부리는 바람에 출발도 늦어지고 호미도 놓고 오게 되었습니다.

3 ㉮는 매우 하기 쉬운 일을 뜻하는 말이고, ㉯는 아무 소식이 없는 것은 잘 지내고 있다는 말이니, 곧 기쁜 소식이나 다름없음을 이르는 말입니다. ㉰는 어렵거나 나쁜 일이 겹치어 일어나는 경우에 쓰는 말입니다.

4 세영이네 가족은 신나게 갯벌로 들어갔지만 얼마 지나지 않아 씩씩거리며 돌아 나왔습니다.

5 세영이는 장화가 없어 양말만 신은 채 갯벌로 들어갔고, 호미 대신 손으로 조개를 캐기로 했습니다.

6 세영이는 가족과 갯벌 여행을 가서 신나게 놀 수만은 없었습니다.

7 세영이는 갯벌로 가족 여행을 떠났지만, 장화 때문에 실랑이를 하느라 늦게 출발했을 뿐만 아니라 호미까지 놓고 오는 바람에 엉망진창인 갯벌 체험을 하게 되었습니다.

어휘 정리

1 (1) **망가지다**: 부서지거나 깨지거나 또는 고장이 나서 못 쓰게 되다.
  (2) **챙기다**: 필요한 물건을 찾아서 갖추어 놓거나 제대로 갖추었는지 살피다.
  (3) **대여하다**: 물건이나 돈을 나중에 도로 돌려받기로 하고 얼마 동안 내어 주다.

2 (1) **절대**: 어떤 경우라도 반드시.
  (2) **잔뜩**: 더할 수 없이 심하게.
  (3) **급히**: 시간적 여유 없이 일을 서둘러 매우 빠르게.

4 DAY

26~29쪽

1 ⑤　2 금새, 금세　3 ④　4 ⑤　5 ⑶ ✕
6 성진　7 ⑵ ○

내용 정리　❶ 맷돌　❷ 한가운데　❸ 멈추게

어휘 정리　1 ⑴ 술술　⑵ 스르륵　⑶ 척척　2 ⑶ ○

1　도둑은 우연히 장터에 들렀다가 농부가 무엇이든지 만들어 낼 수 있는 신기한 맷돌로 부자가 되었다는 소문을 들었습니다.

2　'금세'는 '지금 바로.'라는 뜻으로, '금시에'가 줄어든 말입니다. '금새'는 잘못된 표현이므로 주의해야 합니다.

3　도둑은 맷돌을 멈추게 하는 말이 생각나지 않아서 당황스러웠을 것입니다. 그러므로 당황하고 긴장된 표정을 짓는 것이 어울립니다.

4　도둑이 맷돌을 멈추게 하는 말을 생각해 내지 못하여 지금도 그 맷돌이 멈추지 않은 채 바닷속에서 소금을 만들어 내고 있기 때문에 바닷물이 지금처럼 짜게 된 것입니다.

5　도둑이 나쁜 짓을 했기 때문에 맷돌이 멈추지 않은 게 아니라, 맷돌을 멈추게 하는 말이 생각나지 않았기 때문에 맷돌을 멈출 수 없었던 것입니다.

6　도둑은 농부가 가지고 있던 신기한 맷돌을 훔쳐 부자가 되려고 욕심을 부리다가 결국 바다 한가운데에 빠져 죽고 말았습니다.

7　도둑은 나쁜 짓을 하다가 벌을 받은 것입니다. 따라서 착한 농부는 도둑에게 착하게 살아야 한다는 교훈을 전하는 말을 해 주었을 것입니다.

어휘 정리

1　⑴ **술술**: 해결하기 어려운 일이나 문제가 쉽게 풀리는 모양.
　⑵ **스르륵**: 어떤 물건이 바닥이나 다른 물건에 스치면서 부드럽게 나는 소리나 모양.
　⑶ **척척**: 일이 막힘이 없이 아주 잘되어 가는 모양.

2　'발을 (동동) 구르다'는 '매우 안타까워하거나 다급해하다.'라는 뜻을 가진 관용어입니다.
　⑴ **발을 빼다**: 걱정되거나 애쓰던 일이 끝나 마음을 놓다.
　⑵ **발을 끊다**: 오가지 않거나 관계를 끊다.

5 DAY

30~33쪽

1 ①, ④　2 아프리카　3 씻는　4 ②　5 ⑵ ✕
6 미나　7 ⑵ ○

내용 정리　❶ 목욕　❷ 아프리카　❸ 흙탕물

어휘 정리　1 ⑴ 탁하다　⑵ 충격적　⑶ 심통
　　　　　　　2 ⑷ ○

1　주연이는 욕실에서 욕조에 물을 받아서 신나게 놀며 목욕을 했습니다.

3　'물이나 휴지 따위로 때나 더러운 것을 없게 하다.'라는 뜻을 가진 낱말은 '씻다'입니다.

4　주연이는 아프리카 아이들이 엄청 더럽고 탁한 흙탕물을 먹는다는 사실에 놀라 되묻고 있습니다.

5　아프리카에는 물이 부족하기 때문에(원인) 한참 동안 걸어가서야 겨우 물을 구할 수 있고(결과 1), 더럽고 탁한 흙탕물이라도 마실 수밖에 없는(결과 2) 것입니다.

6　목욕할 때 물을 펑펑 쓰던 주연이의 행동에 대하여 물을 아껴 써야 한다는 자신의 생각을 분명하게 말한 친구는 미나입니다.

7　주연이가 고집이 세고 다른 사람의 말에 귀 기울이지 않는 성격이라면, 자신의 용돈을 모아 아프리카 아이들을 돕는 일에 참여하지는 않을 것입니다. 또한 엄마한테 아프리카의 물 부족 문제를 해결할 수 있는 방법을 묻지도 않을 것입니다.

어휘 정리

1　⑴ **탁하다**: 액체나 공기 따위에 다른 물질이 섞여 흐리다.
　⑵ **충격적**: 슬픈 일이나 뜻밖의 사건 따위로 심한 자극이나 영향을 주거나 받는 것.
　⑶ **심통**: 마땅치 않게 여기는 나쁜 마음.

2　⑴ **가슴이 넓다**: 이해심이 많다.
　⑵ **가슴을 열다**: 속마음을 털어놓거나 받아들이다.
　⑶ **가슴이 뜨겁다**: 깊고 큰 사랑과 배려를 받아 고마움으로 마음의 감동이 크다.
　⑷ **가슴이 아리다**: 몹시 가엾거나 측은하여 마음이 알알하게 찌르는 것처럼 아프다.

| 1 ⑤ | 2 ④ | 3 반납 | 4 (3) ○ | 5 ④ | 6 주승 |

7 ⑤

내용 정리 ❶ 독서 감상문 ❷ 책 ❸ 떠들지

어휘 정리 1 (1) 낙서 (2) 열람실 (3) 사서 2 (1) ○

1 결과를 나타내는 문장이 앞에 나오고, 원인을 나타내는 문장이 뒤에 나올 때에는 '왜냐하면'이 들어가야 알맞습니다.

2 '그 말'은 떠들고 있는 우리(지민, 다현)에게 사서 선생님께서 오셔서 하신 말씀을 가리킵니다.

3 '반납'은 빌린 것이나 받은 것을 도로 돌려주는 것을 뜻합니다.

4 책 군데군데에 연필로 낙서가 되어 있어서(원인) 『왕자와 거지』 책을 읽고 싶은 마음이 달아났습니다(결과).

5 지민이는 도서관에서 있었던 부끄러운 일(사서 선생님께 조용히 해 달라는 말을 들었던 일)이 자꾸 생각이 났다고 했으므로 ㉣에는 이와 관련된 다짐이 들어가야 알맞습니다.

6 지민이는 『왕자와 거지』 책에 낙서가 되어 있는 것을 보고 나서 그 책을 읽고 싶은 마음이 달아났다고 했을 뿐, 지민이가 책 읽는 것을 싫어한다고 볼 수는 없습니다.

7 이 글에는 도서관 열람실에서 친구와 이야기를 하다가 사서 선생님한테 조용히 해 달라는 말을 들었던 경험, 책에 낙서가 되어 있어서 책 읽고 싶은 마음이 달아났던 경험이 나타나 있습니다. 이를 통해 도서관에서 공공 예절을 지키자는 글쓴이의 생각이 드러납니다.

어휘 정리

1 (1) **낙서**: 글자, 그림 따위를 장난으로 아무 데나 함부로 씀. 또는 그 글자나 그림.
  (2) **열람실**: 도서관 등에서 책이나 자료 등을 읽는 방.
  (3) **사서**: 도서관에서 책을 관리하는 일을 하는 사람.

2 '눈을 끌다'는 '호기심을 일으켜 보게 하다.' 또는 '관심을 일으키다.'라는 뜻을 가진 관용어입니다.

비법 1	예시 ⑤
	연습 1 ② 2 (3) ○
비법 2	예시 ④
	연습 1 (1) ○ 2 ①, ⑤

비법 1

예시 말하는 이는 강아지가 신발을 물어 던지고 나서 꼬리를 살래살래 흔드는 모습, 고양이가 우유병을 넘어뜨리고 나서 귀를 쫑긋쫑긋 세우는 모습이 귀여워서 혼내지 못하겠다고 생각했습니다.

연습 2 말하는 이는 남을 위해 여러 가지 일을 하면서도 아무것도 바라지 않는 냇물 속의 돌이 참으로 고맙다고 했습니다.

비법 2

연습 1 새와 나무가 함께 지내는 모습에서 정답고 따뜻한 분위기가 느껴집니다.

비법 3	예시 효민
	연습 1 ①, ②
	2 (1) 하늘 (2) 야금야금 (3) 손톱
비법 4	예시 도현
	연습 1 ② 2 ㉮

비법 3

예시 말하는 이는 예방 주사를 맞는 날 조용해진 교실 분위기와 떨리는 아이들의 마음을 '꽁꽁'과 '콩닥콩닥'이라는 흉내 내는 말을 사용하여 재미있게 표현했습니다. 서진이가 말한 부분에 주사가 사람인 것처럼 표현되어 있지는 않습니다.

비법 4

예시 이 시에는 가난하고 외로운 한 대학생 누나의 가난과 슬픔이 사라졌으면 좋겠다는 말하는 이의 생각이 담겨 있습니다. 따라서 말하는 이와 비슷한 느낌을 받았던 경험을 말한 친구는 도현이입니다.

연습 2 이 시에서 말하는 이는 '어머니'를 '보금자리'라고 표현했습니다. 그러므로 포근하고 따뜻한 보금자리와 같은 엄마의 모습이 담겨 있는 내용을 말하는 것이 어울립니다.

1 빨래집게 2 ② 3 ③ 4 4연 5 (4) ○
6 효민 7 ②

내용 정리 ❶ 빨래집게 ❷ 바람 ❸ 대견스럽다
어휘 정리 1 (1) 바짓가랑이 (2) 개구쟁이 2 (3) ○

1 이 시는 빨래집게가 빨래를 꽉 물고 있는 모습을 보고 쓴
  것입니다.

3 바람이 세차게 불어도 빨래를 놓치지 않으려는 작은 빨
  래집게의 모습에서 활기찬 분위기와 대견함을 느낄 수
  있습니다.

4 4연에서 말하는 이는 조그만 빨래집게가 덩치 큰 바람을
  이긴다고 했습니다.

5 ㉠은 바람이 불어 빨랫줄에 널어놓은 바지가 흔들리는
  모습을 표현한 것입니다.

6 서진이가 인상 깊은 부분이라고 말한 '꽉 문 빨래 / 놓치
  지 않는다.'는 모양을 흉내 내는 말인 '꽉'을 넣어 재미있
  게 표현한 것입니다. 서진이는 그 부분이 인상 깊은 까닭
  으로 흉내 내는 말을 넣어 재미있게 표현했다는 점을 들
  었어야 했는데, 사투리를 사용하였다고 잘못 말했습니다.

7 '알약, 양초, 소금, 휴대 전화'는 빨래집게처럼 덩치는 작
  지만 사람에게 도움을 주는 일을 하는 것들입니다. 세탁
  기는 덩치가 작다고 보기 어렵습니다.

어휘 정리

1 (1) **바짓가랑이**: 바지에서 다리를 넣는 부분으로, '바지'와
      바지 등에서 다리가 들어가도록 된 부분을 가리키는
      '가랑이'가 합쳐진 말.
  (2) **개구쟁이**: 장난이 심하고 짓궂은 아이.

2 빈칸에는 작은 빨래집게가 강한 바람을 견디어 내는 모
  습과 관련된 관용어가 들어가야 어울립니다. '이를 악물
  다'는 '매우 어렵거나 힘든 상황을 애써 견디거나 꼭 참
  다.'라는 뜻의 관용어입니다.
  (1) **손을 놓다**: 하던 일을 그만두거나 잠시 멈추다.
  (2) **꼬리를 감추다**: 어떤 표시나 흔적을 감추어 숨다.

---

1 ③ 2 ㉣ 3 ⑤ 4 ④ 5 ② 6 수영 7 (3) ○

내용 정리 ❶ 키 ❷ 말 ❸ 좋아서
어휘 정리 1 (1) 빙그레 (2) 술술 2 (2) ○

1 이 시는 엄마와 함께 있을 때에 느끼는 행복함에 대하여
  노래하고 있습니다.

2 '나'는 엄마하고 길을 걸을 때에 기분이 좋아서 껑충껑충
  뛰면서 가기 때문에 키가 더 커진다고 표현한 것입니다.

3 ①에는 '덜덜', ②에는 '꼬르륵', ③에는 '질질', ④에는 '쫑
  긋'이 알맞습니다.

4 이 시를 읽으면 엄마와 '나'의 모습에서 따뜻하고 포근한
  분위기가 느껴집니다.

5 이 시에는 엄마가 맛있는 요리를 하는 내용이 나오지 않
  습니다.

6 이 시에서는 모양을 흉내 내는 말 '술술'과 '빙그레'를 넣
  어 말을 막힘없이 하는 모습과 웃으며 자는 모습을 실감
  나고 생생하게 표현했습니다.

7 말하는 이는 엄마와 길을 걸을 때, 엄마와 이야기를 할
  때, 엄마와 함께 잠을 잘 때에 느끼는 행복함에 대하여
  말하고 있으므로, 이와 같은 경험을 떠올려 말하는 것이
  발표할 내용으로 알맞습니다.

어휘 정리

1 (1) **빙그레**: 입을 조금 벌리거나 입가를 약간 올리고 소리
      없이 웃는 모양.
  (2) **술술**: 말이나 글이 막힘없이 잘 나오거나 써지는 모
      양.

2 이 시에서 엄마는 '내'가 말이 술술 나올 정도로 '내' 말을
  잘 들어 주신다고 했으므로, 빈칸에는 '남의 이야기나 의
  견에 관심을 가지고 주의를 모으다.'라는 뜻의 관용어인
  '귀를 기울이다'가 들어가는 게 알맞습니다.
  (1) **돌을 던지다**: 남의 잘못을 비난하다.
  (3) **찬물을 끼얹다**: 잘되어 가고 있는 일에 뛰어들어 분위
      기를 흐리거나 공연히 트집을 잡아 일을 망치다.

비법 1	예시	(1) ㉠, ㉢ (2) ㉡, ㉣
	연습	1 (1) ○ 2 ㉣
비법 2	예시	(1) ㉠, ㉣ (2) ㉡, ㉢
	연습	1 ㉢, ㉣ 2 (3) ×

비법 1

예시 ㉠과 ㉢은 각 문단의 중심 문장이고, ㉡과 ㉣은 중심 문장을 자세하게 설명해 주는 뒷받침 문장입니다.

연습 1 ㉠ 뒤에 이어진 뒷받침 문장들은 전자책이 종이책에 비해 가벼워서 들고 다니기에 편하다는 점을 자세하게 설명하고 있으므로, 뒷받침 문장들의 내용을 대표하는 중심 문장으로 (1)이 알맞습니다.

비법 2

예시 ㉠과 ㉣은 실제로 한 일과 들은 일을 나타낸 것이므로 사실에 속하고, ㉡과 ㉢은 생각이나 느낌을 나타낸 것이므로 의견에 속합니다.

연습 1 ㉠과 ㉡은 오늘의 날씨를 사실 그대로 전달한 문장이고, ㉢과 ㉣은 날씨와 관련하여 의견을 말한 문장입니다.

비법 3	예시	②
	연습	1 (1) 선조 (2) 조심스럽게
		2 ①, ②, ④
비법 4	예시	㉣
	연습	1 (1) 알 (2) 침 2 ㉡, ㉢

비법 3

예시 '짐승'은 사람이 아닌 동물을 이르는 낱말입니다. 그러므로 주어진 글에서 ㉠'꿩'을 포함하는 낱말은 '짐승'입니다.

연습 1 '선조'는 '먼 윗대의 조상.'이라는 뜻이고, '신중하다'는 '매우 조심스럽다.'라는 뜻입니다.

연습 2 '양식'과 '먹을거리', '보존하기'와 '남기기'는 뜻이 서로 비슷한 낱말입니다.

예시 각 문단의 중심 문장을 연결하여 중요한 내용을 잘 간추린 것은 ㉣입니다.

연습 2 몽골인들의 집 '게르'에 대하여 설명한 글이므로 첫째 문단에서는 ㉡이, 둘째 문단에서는 ㉢이 중심 문장입니다.

1 ②, ④   2 ㉠   3 (1) 사실 (2) 사실 (3) 의견   4 ㉣
5 ⑤   6 수현   7 (3) ○

내용 정리	❶ 다수결 ❷ 대화 ❸ 소수
어휘 정리	1 (1) 절반 (2) 바람 (3) 소수 2 (3) ○

1 ❶문단에서는 다수결의 원칙의 뜻, ❷문단에서는 다수결의 원칙의 장점, ❸문단에서는 다수결의 원칙의 단점에 대하여 설명하고 있습니다.

2 ㉠은 ❸문단의 내용을 대표하는 중심 문장이고, ㉡~㉣은 중심 문장의 내용을 뒷받침하기 위해서 예를 들어 설명한 부분입니다.

3 (1)과 (2)는 있는 그대로의 사실을 나타낸 문장이고, (3)은 사실에 대한 글쓴이의 생각을 나타낸 문장입니다.

5 '모으다'와 '합치다'는 뜻이 서로 비슷한 낱말이고, 나머지는 모두 뜻이 서로 반대인 낱말입니다.

6 준규는 이미 글에서 설명한 내용을 말했고, 윤지는 다수결의 원칙이 모든 사람의 생각을 담아낸다고 잘못 말했습니다.

7 더 많은 사람이 찬성했다는 이유만으로 사형을 당한 소크라테스를 통해 다수결의 원칙을 따르는 게 꼭 옳은 것은 아니라는 것을 깨달을 수 있습니다.

어휘 정리

1 (1) **절반**: 하나를 반으로 나눔. 또는 그렇게 나눈 반.
  (2) **바람**: 어떤 일이 이루어지기를 기다리는 간절한 마음.
  (3) **소수**: 적은 수.

2 ◦보기◦의 '따르다'와 (3)의 '따르다'는 '정해진 법규나 다른 사람의 의견을 그대로 실행하다.'라는 뜻입니다.
  (1) **따르다**: 다른 사람의 뒤에서 그가 가는 대로 같이 가다.
  (2) **따르다**: 그릇을 기울여 안에 들어 있는 액체를 밖으로 조금씩 흐르게 하다.

14 DAY

1 ④ 2 (1) ⓛ, ⓒ (2) ㉠, ㉣ 3 ④ 4 (2) ✕ 5 **④**

6 현주 7 ①, ③, ④

내용 정리 ❶ 조선국기 ❷ 평화 ❸ 끈기

어휘 정리 1 (1) 상징물 (2) 조화 (3) 진리 2 (2) ○

1 태극기의 모양과 태극기에 담겨 있는 의미는 ❸문단에, 무궁화의 역사는 ❹문단에, 무궁화 꽃이 피는 시기는 ❺ 문단에 나타나 있습니다.

2 ㉠과 ㉣은 글쓴이의 생각이나 느낌이므로 의견에 속하고, ⓛ과 ⓒ은 실제로 있었던 일이나 들은 내용을 나타낸 것이므로 사실에 속합니다.

3 ㉮ 뒤에 이어진 뒷받침 문장들은 태극기의 각 부분에 담겨 있는 의미를 자세히 설명하고 있으므로, 뒷받침 문장들의 내용을 대표하는 중심 문장으로는 ④가 알맞습니다.

4 '귀하다'와 '천하다'는 뜻이 서로 반대되는 낱말입니다.

5 주어진 문장은 ❹문단의 중심 문장인 '우리나라의 나라 꽃인 무궁화는 ~ 받아 온 꽃입니다.'를 뒷받침하는 문장으로 알맞습니다.

6 우리 민족은 오래전부터 무궁화를 귀하게 여겼다고 했으므로 현주가 말한 내용은 적절하지 않습니다.

7 '애국가, 거북선, 김치'는 '대한민국' 하면 떠오르는 것에 속합니다. '에펠탑'은 프랑스, '자유의 여신상'은 미국을 대표하는 상징물입니다.

어휘 정리

1 (1) **상징물**: 일정한 형태와 성질을 갖추고 있지 않은 것을 구체적으로 나타낸 물체.
  (2) **조화**: 서로 잘 어울림.
  (3) **진리**: 참된 이치. 또는 참된 도리.

2 뽐내고 싶은 기분이나 떳떳하고 자랑스러운 기분이 드는 상황이므로 '어깨가 으쓱거리다'라는 관용어가 어울립니다.
  (1) **어깨가 움츠러들다**: 떳떳하지 못하거나 창피하고 부끄러운 기분을 느끼다.

15 DAY

1 ⑤ 2 ㉣ 3 ③ 4 (3) ○ 5 ③ 6 ④

7 은결, 지우, 가인

내용 정리 ❶ 미세 플라스틱 ❷ 건강 ❸ 플라스틱

어휘 정리 1 (1) 재앙 (2) 분해 (3) 배출
  2 (1) 쌓인 (2) 위협하고 (3) 제한하고

1 이 글은 미세 플라스틱의 위험성에 대하여 설명한 글입니다.

2 ㉠~ⓒ은 일어난 일을 사실 그대로 나타낸 문장이고, ㉣은 미세 플라스틱에 대한 글쓴이의 생각을 나타낸 문장입니다.

3 문단의 내용을 대표하는 문장, 즉 중심 문장을 찾아야 합니다. ❸문단에서 중심 문장은 '미세 플라스틱은 해양 생물과 사람에게 큰 해를 입혀요.'이고, 나머지는 중심 문장을 뒷받침하는 문장들입니다.

4 미세 플라스틱의 위험성과 미세 플라스틱을 줄이기 위한 방법이 드러나게 내용을 간추려야 합니다.

5 지구 환경과 사람의 건강을 해친다는 이유로 세계 여러 나라에서 사용을 제한하는 1차 미세 플라스틱을 세안제나 치약 등에 사용하는 것은 깨끗이 닦이는 효과를 높이기 위해서입니다.

6 '일회용기', '플라스틱 빨대', '페트병', '비닐봉지', '물티슈'는 모두 '플라스틱 쓰레기'에 포함되는 말입니다.

7 미세 플라스틱을 줄이려면 일회용 플라스틱 컵과 플라스틱 숟가락을 사용하지 않아야 합니다.

어휘 정리

1 (1) **재앙**: 뜻하지 않게 생긴 불행한 사고. 또는 홍수, 지진, 가뭄, 태풍 등의 자연 현상으로 인한 사고.
  (2) **분해되다**: 여러 부분이 결합되어 이루어진 것이 그 낱낱으로 나뉘다.
  (3) **배출**: 안에서 밖으로 밀어 내보냄.

2 (1) **쌓이다**: 여러 개의 물건이 겹겹이 포개어져 놓이다.
  (2) **위협하다**: 무서운 말이나 행동으로 상대방이 두려움을 느끼게 하다.
  (3) **제한하다**: 일정한 정도나 범위를 정하거나, 그 정도나 범위를 넘지 못하게 막다.

1 한옥   2 (4) ×   3 ③   4 (3) ○   5 ④

6 (1) 기후 (2) 친환경   7 (1) 처마 (2) 서까래 (3) 마루

내용 정리   ❶ 온돌   ❷ 흙   ❸ 곡선

어휘 정리   1 (1) 덥혀 (2) 생생하게   2 (3) ○

1 이 글은 한옥의 특징에 대하여 설명하고 있으므로 중심 글감은 한옥입니다.

2 (1)은 ❸문단의 중심 문장, (2)는 ❶문단의 중심 문장, (3)은 ❷문단의 중심 문장입니다. (4)는 ❹문단의 뒷받침 문장입니다. ❹문단의 중심 문장은 '한옥은 곡선과 직선이 서로 조화를 이룬 아름다운 집이다.'입니다.

3 '독특하다'는 '다른 것과 비교하여 특별하게 다르다.'라는 뜻이고, '평범하다'는 '뛰어나거나 특별한 점이 없이 보통이다.'라는 뜻입니다.

4 ⓒ은 한옥 마을에 대한 글쓴이의 생각을 나타낸 것이므로 의견에 해당합니다.

5 한옥의 마루는 대개 앞쪽이 트여 있고 뒤쪽에는 문이 달려 있습니다.

6 ❷~❹문단의 중심 문장인 첫 번째 문장을 연결하여 이 글의 중심 내용을 간추려 봅니다.

7 '처마'는 지붕의, 바깥쪽으로 나와 있는 부분, '서까래'는 지붕 끝에서 기둥까지 걸친 나무, '마루'는 널빤지를 깔아 사람이 앉거나 걸을 수 있도록 만든 공간을 말합니다.

어휘 정리

1 (1) **덥히다**: 사물의 온도를 높이다.
   (2) **생생하다**: 바로 눈앞에 보는 것처럼 명백하고 또렷하다.

2 '입에 침이 마르다'는 '다른 사람이나 물건에 대하여 거듭해서 말하다.'라는 뜻을 가진 관용어로, '입이 닳다', '침이 마르다', '입이 마르다'와 같은 말입니다.
   (1) **입을 막다**: 시끄러운 소리나 자기에게 불리한 말을 하지 못하게 하다.
   (2) **입이 짧다**: 음식을 심하게 가리거나 적게 먹다.

1 학교 폭력   2 ㉡, ㉣   3 (2) ×   4 ①, ⑤   5 ㉰

6 ②   7 (3) ○

내용 정리   ❶ 도움   ❷ 증거   ❸ 피해

어휘 정리   1 (1) 대처 (2) 확보   2 (2) ○

1 이 글은 신체적 폭력이나 언어 폭력, 집단 따돌림, 사이버 괴롭힘 같은 학교 폭력에 대처하는 방법에 대하여 안내하는 글입니다.

2 ㉠과 ㉢은 사실을 나타낸 문장이고, ㉡과 ㉣은 사실에 대한 생각을 나타낸 문장입니다.

3 여러 명의 친구가 괴롭힐 때 혼자 다니는 것은 위험하므로 (2)는 뒷받침 문장의 내용으로 적절하지 않습니다.

4 '주저하다'는 '머뭇거리며 망설이다.'라는 뜻입니다.

5 친구들이 괴롭힐 때와 괴롭힘을 당하는 친구를 보았을 때의 대처 방법이 드러나게 간추린 것을 찾습니다.

6 괴롭힘을 당하는 친구를 보았을 때 신고를 해도 자신에게 피해가 올까 봐 걱정할 필요가 없다는 까닭으로 알맞은 것은 ②입니다.

7 여러 명의 친구가 괴롭힐 때는 빨리 학교나 부모님께 알리라고 하였고, 괴롭힘을 당하는 친구를 보았을 때는 주저하지 말고 담임 선생님이나 상담 선생님께 신고를 하라고 했습니다. 학교 폭력 신고 센터 전화번호는 119번이 아니라 117번입니다.

어휘 정리

1 (1) **대처**: 어떤 어려운 일이나 상황을 이겨 내기에 알맞게 행동함.
   (2) **확보하다**: 확실히 가지고 있다.

2 (1) **손을 놓다**: 하던 일을 그만두거나 잠시 멈추다.
   (2) **손을 맞잡다**: 서로 뜻을 같이 하여 긴밀하게 협력하다.
   (3) **손을 늦추다**: 긴장을 풀고 일을 더디게 하다.

1 ⑤　2 (1) ×　3 ②　4 **3**　5 ⑤　6 준성

7 영양분, 끈끈한, 꿀

내용 정리　❶ 액체　❷ 파리지옥　❸ 빠지게

어휘 정리　1 (1) 예민한　(2) 유인하였다　2 (2) ○

1 이 글은 벌레잡이 식물인 끈끈이주걱, 파리지옥, 벌레잡이통풀이 곤충을 잡아먹는 방법에 대하여 설명하였습니다.

2 벌레잡이 식물은 주로 습지나 늪, 벼랑 같은 영양분이 부족한 땅에서 자란다고 하였습니다.

3 ⓒ의 '신비롭고 흥미로운'과 ⑭의 '참으로 대단하다는 생각이 들지 않나요?'라는 표현은 글쓴이의 의견을 나타낸 것입니다.

4 곤충이 완전하게 소화될 때까지 잎을 닫고 있다가 다시 잎을 연다고 하였으므로 파리지옥과 관련 있는 뒷받침 문장입니다.

5 '순식간'은 '눈을 한 번 깜빡하거나 숨을 한 번 쉴 만큼의 아주 짧은 동안.'을 뜻합니다.

6 파리지옥의 '감각모'는 예민하다고 하였고, 파리지옥의 잎은 곤충이 잎 안으로 들어오면 닫힌다고 하였으므로 우림이와 예진이가 짐작한 내용은 알맞지 않습니다.

7 끈끈이주걱, 파리지옥, 벌레잡이통풀이 곤충을 잡아먹는 까닭과 곤충을 잡아먹는 방법이 잘 드러나게 요약해야 합니다.

어휘 정리

1 (1) **예민하다**: 무엇인가를 느끼거나 분석하고 판단하는 능력이 매우 빠르고 뛰어나다.
　(2) **유인하다**: 관심이나 흥미를 일으켜 꾀어내다.

2 (1) **눈물을 짜다**: 눈물을 질금질금 흘리며 울다.
　(2) **시치미를 떼다**: 자기가 하고도 하지 아니한 체하거나 알고 있으면서도 모르는 체하다.
　(3) **목숨을 바치다**: 어떤 것을 위해 죽을 각오로 일하다. 충성하다.

1 ④　2 ㉣　3 ⑤　4 ①　5 (2) ○　6 정원

7 (3) ×

내용 정리　❶ 식량　❷ 배추　❸ 씨감자

어휘 정리　1 (1) 개발　(2) 시해　(3) 망명　2 (2) ○

1 조선의 군인이었던 아버지와 일본인 어머니 사이에서 태어난 우장춘은 우리나라의 식량 문제를 해결하기 위하여 새로운 채소 씨앗을 만들었습니다.

2 ㉣의 '감격스러운'이라는 낱말에 글쓴이의 의견이 담겨 있습니다.

3 글 **가**에서 어머니는 우장춘에게 민들레처럼 어려움을 이겨 내고 무슨 일이든 열심히 하여 훌륭한 사람이 되라고 말씀하셨습니다.

4 '배추', '무', '감자'는 모두 '채소'라는 낱말에 포함되는 낱말입니다.

5 글 **나**의 중심 내용은 우장춘이 우리 땅에 알맞은 배추와 무의 씨앗을 만든 것이고, 글 **다**의 중심 내용은 우장춘이 병이 없는 씨감자 품종을 개발한 것입니다.

6 우장춘의 어머니는 어려움이 있어도 잘 이겨 내고 무슨 일이든 열심히 하는 사람이 되라는 뜻으로 민들레를 가리키며 말씀하신 것입니다.

7 우장춘 박사는 우리 땅에 알맞은 배추와 무, 씨감자, 귤을 개발하였습니다. 씨 없는 수박은 일본인 기하라 히토시 박사가 개발한 것입니다.

어휘 정리

1 (1) **개발하다**: 새로운 물건을 만들거나 새로운 생각을 내놓다.
　(2) **시해하다**: 부모나 대통령, 임금 등의 지위가 높은 사람을 죽이다.
　(3) **망명하다**: 정치, 사상 등을 이유로 받는 탄압이나 위협을 피하기 위해 몰래 자기 나라를 떠나 다른 나라로 가다.

2 '다리를 뻗고 자다'는 '마음 편히 자다.'라는 뜻을 가진 관용어입니다.

20 DAY

100~103쪽

1 ② 2 (3) × 3 ㉮ 4 (1) ㉮, ㉰ (2) ㉯, ㉳ 5 ⑤

6 은지, 민규 7 (1) 등뼈 (2) 머리뼈 (3) 갈비뼈

내용 정리 ❶ 유지해 ❷ 기관 ❸ 피 ❹ 무기질

어휘 정리 1 (1) 충격 (2) 무기질 (3) 관절 2 (1) ○

1 이 글은 우리 몸에서 뼈가 하는 일에 대하여 설명하였습니다.

2 '지탱하다'는 '어떤 것을 버티거나 견디거나 유지하다.'라는 뜻입니다.

3 뼈 속에는 피를 만드는 골수가 들어 있고, 이 골수에서 백혈구, 적혈구, 혈소판 등이 만들어진다는 내용이 이어지므로 ㉡에 들어갈 중심 문장으로 알맞은 것은 ㉮입니다.

4 ㉮와 ㉰는 있는 그대로의 사실을 나타낸 문장입니다. ㉯와 ㉳는 글쓴이의 생각이나 느낌을 나타낸 문장이므로 의견에 해당합니다.

5 ⑤는 '뼈는 우리 몸의 형태를 유지해 줍니다.'라는 중심 문장을 뒷받침하는 내용이므로, 글의 중요한 내용을 간추릴 때 꼭 필요하지는 않습니다.

6 뼈와 뼈가 맞닿아 연결되는 부위를 '관절'이라고 합니다. 손으로 복잡한 일을 할 수 있는 것은 손이 움직일 수 있는 여러 개의 뼈로 되어 있기 때문입니다.

7 (1)은 여러 마디의 뼈가 기둥 모양으로 연결된 등뼈이고, (2)는 뇌를 보호해 주는 머리뼈이며, (3)은 심장과 폐 같은 기관을 보호해 주는 갈비뼈입니다.

어휘 정리

1 (1) **충격**: 물체에 급격히 가하여지는 힘.
  (2) **무기질**: 생명체의 뼈대, 혈액 등에 포함되어 있는 칼슘, 인, 철 같은 물질.
  (3) **관절**: 뼈와 뼈가 서로 맞닿아 이어지는 부분.

2 '뼈와 살이 되다'는 '정신적으로 도움이 되다.'라는 뜻을 가진 관용어입니다.

21 DAY

104~107쪽

1 기후, 옷차림 2 ② 3 ㉠ 4 ⑤ 5 (1) 아노락
(2) 농 6 ③ 7 정서

내용 정리 ❶ 가죽 ❷ 베트남 ❸ 모자

어휘 정리 1 (1) 쏟아지고 (2) 영향 2 (3) ○

1 기후에 따라 옷차림이 어떻게 다른지 대표적인 두 지역을 소개한 글이므로 중심이 되는 낱말은 '기후'와 '옷차림'입니다.

2 '아노락'은 추운 북극 지방에 어울리는 옷차림입니다.

3 ㉠은 ❸문단의 중심 문장이고, 나머지는 ㉠을 뒷받침하는 문장들입니다.

4 ㉮ 다음에 베트남 사람들이 '농'이라는 원뿔 모양의 모자를 만들어 쓴 원인이 나오므로 ㉮에는 '왜냐하면'이 들어가야 알맞습니다.

5 북극 지방에 사는 이누이트 족은 '아노락'이라는 옷을 만들어 입었고, 베트남 사람들은 '농'이라는 모자를 만들어 썼다는 내용이 드러나게 간추립니다.

6 '주위'와 '주변'은 뜻이 서로 비슷한 낱말이고, 나머지는 모두 뜻이 서로 반대되는 낱말입니다.

7 기후에 따라 옷차림이 달라진다는 글쓴이의 생각에 대하여 자신의 생각을 알맞게 비교하여 말한 친구는 정서입니다.

어휘 정리

1 (1) **쏟아지다**: 비나 눈이 한꺼번에 많이 내리거나 햇빛이 강하게 비치다.
  (2) **영향**: 어떤 것의 효과나 작용이 다른 것에 미치는 일.

2 여름철에 더위 때문에 몸이 제 기능을 하지 못하고 아플 때 '더위를 먹다'라는 관용어를 사용합니다.
  (1) **떡이 생기다**: 뜻밖에 이익이 생기다.
  (2) **군침을 삼키다**: 음식 따위를 보고 먹고 싶어서 입맛을 다시다.

1 (1) 지난주 금요일 (2) 제주도   2 ②   3 ④
4 **2**   5 ①   6 ⑦, ⓒ, ⑨, ⑳, ⑬   7 (1) ○

내용 정리   ❶ 제주도   ❷ 김포 공항   ❸ 천지연 폭포
❹ 화산

어휘 정리   1 (1) 푹 (2) 뻥 (3) 쏙쏙
2 (1) 서식 (2) 지정 (3) 지질

1 '나'는 엄마, 아빠, 동생 승민이와 지난주 금요일에 가족 여행으로 제주도에 갔습니다.

2 '나'와 동생 승민이는 처음 가는 제주도 여행에 마음이 들떠서 잠도 푹 자지 못했다고 하였습니다.

3 글쓴이는 성산 일출봉에서 해 뜨는 모습을 실제로 본 것이 아니라, 다음에 또 제주도 여행을 오게 된다면 새벽에 성산 일출봉에 올라 해 뜨는 모습도 보고 싶다고 했습니다.

4 아빠가 천지연 폭포에 담긴 의미를 설명해 주신 내용이므로, 주어진 문장은 **2**문단의 뒷받침 문장으로 알맞습니다.

5 '출발하다'와 '도착하다', '얕다'와 '깊다'는 뜻이 서로 반대되는 낱말입니다. 나머지는 모두 뜻이 서로 비슷한 낱말입니다.

7 성산 일출봉은 한라산만큼 높지 않은데도 분화구의 면적은 월드컵 경기장 30개에 달한다고 말한 것으로 보아, 둘레가 꽤 넓다는 것을 알 수 있습니다.

어휘 정리

1 (1) **푹**: 잠이 깊이 들거나 피곤한 몸을 충분히 편하게 쉬는 모양.
 (2) **뻥**: 큰 구멍이 뚫리는 소리. 또는 그 모양.
 (3) **쏙쏙**: 기억이나 인상에 아주 분명하게 남는 모양.

2 (1) **서식하다**: 생물이 일정한 곳에 자리를 잡고 살다.
 (2) **지정하다**: 공공 기관이나 단체, 개인 등이 어떤 것을 특별한 자격이나 가치가 있는 것으로 정하다.
 (3) **지질**: 지구 표면을 이루고 있는 암석이나 땅의 성질이나 상태.

비법 1   **예시** (3) ○
     연습 1 ⓒ   2 제철 음식
비법 2   **예시** ①
     연습 1 (3) ○   2 (녹슬고 고장 난) 자전거

비법 1

예시 글쓴이는 아파트 주민들에게 엘리베이터를 이용할 때 위험한 행동을 하지 않았으면 좋겠다고 제안하는 말을 했습니다.

비법 2

예시 글쓴이는 외국어로 된 간판이 정말 많다는 것을 문제 상황으로 제기하면서 가게 주인들이 아름다운 우리말을 살려 쓰면 좋겠다는 주장을 하였습니다.

연습 2 글쓴이는 녹슬고 고장 난 자전거가 아파트 곳곳에 방치되어 있다는 것을 문제 상황으로 제기하였습니다.

24 DAY

비법 3   **예시** 주형
     연습 1 메모   2 (2) ○
비법 4   **예시** (2) ○
     연습 1 (1) ○   2 ⓒ

비법 3

예시 말을 많이 한다고 해서 말을 잘한다고 할 수 없다는 의미입니다.

연습 1 ㉠은 메모를 하면 기억하기 쉽다는 뜻으로, 메모의 중요성을 강조한 말입니다.

비법 4

예시 ㉠은 '전시장에서는 예절을 지켜야 한다.'는 주장과 관련 있으므로 근거로 적절합니다. ⓒ은 전시장마다 작품의 사진을 찍을 수 있는 곳도 있고, 그렇지 않은 곳도 있어서 사실이라고 할 수 없으므로 근거로 적절하지 않습니다.

연습 2 ⓒ은 배식해 준 음식을 골고루 먹었을 때의 좋은 점이므로 자율 배식을 할 수 있게 해 달라는 글쓴이의 주장과 관련 없는 내용입니다. 따라서 근거로 적절하지 않습니다.

124~127쪽

1 (3) ○   2 ⑤   3 ㉢   4 나다움   5 ③   6 재현
7 (3) ○

내용 정리   ❶ 잃는   ❷ 나다움   ❸ 개성
어휘 정리   1 (1) 유행   (2) 계발   (3) 모방   2 (1) ○

2 글쓴이는 남을 흉내 내고 유행에 휩쓸려 개성을 잃는 사람들이 많다는 문제 상황에 대하여 그 실천 방법을 제시하면서 참다운 개성을 갖추기 위해 노력하자고 주장하였습니다.

3 ㉠과 ㉡은 참다운 개성을 갖추기 위한 방법에 속하므로 근거로 적절합니다. ㉢은 오히려 개성을 잃게 만들 수 있으므로 '참다운 개성을 갖추기 위해 노력하자.'는 글쓴이의 주장을 뒷받침하는 근거로 적절하지 않습니다.

4 '나다움'과 같은 형태로 이루어진 낱말의 예로는 '인간다움', '여성다움' 따위가 있습니다.

5 자기가 지닌 특성을 잘 계발하는 것은 참다운 개성을 갖추는 방법입니다.

6 남을 흉내 내다 보면 어느새 자기만의 개성을 새롭게 갖출 수 있게 된다는 의미에서 '모방은 창조의 어머니이다.'라고 한 것입니다.

7 소민이는 동영상을 보고 요즘 유행하는 화장을 따라 하고 있습니다. 따라서 글의 내용과 관련해 소민이에게 충고할 말은 유행을 좇다 보면 개성을 잃을 수 있다는 내용이 알맞습니다.

어휘 정리

1 (1) **유행**: 무엇이 사람들에게 인기를 얻어 사회 전체에 널리 퍼짐.
   (2) **계발하다**: 지능이나 재능, 사상 등을 일깨워 발전시키다.
   (3) **모방하다**: 다른 것을 본뜨거나 남의 행동을 흉내 내다.

2 판매원의 말에 솔깃하여 머리핀을 산 상황이므로 '남의 말을 쉽게 받아들인다.'라는 뜻의 관용어인 '귀가 얇다'가 들어가야 알맞습니다.

128~131쪽

1 (3) ○   2 진영   3 독서   4 ②   5 ⑤
6 (1) ○ (2) ×   7 ②, ④

내용 정리   ❶ 적은   ❷ 독서량   ❸ 부모   ❹ 도서관
어휘 정리   1 (1) 권장   (2) 흥미   (3) 효과   2 (2) ○

1 이 글은 문제를 제기하고 해결 방법을 제시하는 방법으로 쓴 주장하는 글입니다.

2 현대 사회는 많은 정보가 넘쳐 나고 정보가 중심이 되는 사회라는 뜻으로 한 말입니다.

3 정보를 얻는 중요한 방법 중의 하나가 책을 읽는 것이라고 했습니다.

4 글쓴이는 다른 나라 어린이에 비해 우리나라 어린이의 독서량이 매우 적은 것을 문제점으로 들었습니다.

5 글쓴이는 어린이의 독서량을 늘리기 위해서는 가정, 학교, 각 지역 도서관, 어린이 스스로의 노력이 필요하다고 주장하였습니다.

6 ㉡, ㉢은 어린이의 독서량을 늘리기 위한 방법으로 주장과 관련되어 있고, 주장을 설득력 있게 뒷받침하므로 근거로 적절합니다.

7 ①은 저축의 중요성을, ②와 ④는 책이 주는 도움이나 책의 역할을 담은 표어입니다. ③은 분류 배출의 필요성을, ⑤는 책을 깨끗이 보자는 뜻을 담은 표어입니다.

어휘 정리

1 (1) **권장하다**: 좋은 일에 힘쓰도록 권하고 북돋아 주다.
   (2) **흥미**: 마음을 쏠리게 하는 재미.
   (3) **효과**: 어떠한 것을 하여 얻어지는 좋은 결과.

2 '보는 눈이 있다'는 '사람이나 일 등을 판단하는 능력이 있다.'라는 뜻을 가진 관용어입니다.

1 (2) ○   2 ㉮   3 머그잔   4 ②   5 ④   6 수정
7 아빠

내용 정리 ❶ 머그잔   ❷ 자연   ❸ 건강한
어휘 정리 1 (1) 습관 (2) 풍요로운 (3) 일회용품
2 (2) ○

1 일회용 컵 대신 머그잔을 사용하는 것이 모두를 위한 좋은 습관이라고 했으므로 문제 상황은 일회용 컵을 사용하는 것임을 알 수 있습니다.

2 머그잔을 사용하면 자연뿐만 아니라 자연 속에서 사는 우리에게 모두 좋다는 뜻이 담겨 있습니다.

3 '다회용품'은 '여러 번 쓸 수 있도록 만들어진 물건.'을 뜻하므로, 이 광고에서는 '머그잔'이 포함됩니다.

4 일회용품보다 다회용품 사용이 편리하다는 내용은 이 광고에 나타나 있지 않습니다.

5 일회용 컵 대신 다회용품인 머그잔을 사용하자는 주장을 하기 위해서 만든 광고입니다.

6 ㉢은 일회용품 대신 다회용품을 사용하면 좋은 점을 말한 것으로 '일회용품 사용을 줄이자.'는 주장과 관련되어 있으므로 근거로 적절합니다.

7 이 광고는 자연과 우리의 건강을 생각하지 않고 일회용품을 사용하는 사람들이 보고 반성하기에 알맞은 광고입니다. 따라서 일회용 컵을 사용하는 아빠가 이 광고를 보고 반성해야 할 사람에 속합니다.

어휘 정리

1 (1) **습관**: 오랫동안 되풀이하는 동안에 저절로 익혀진 행동 방식.
   (2) **풍요롭다**: 매우 많아서 넉넉함이 있다.
   (3) **일회용품**: 한 번만 쓰고 버리도록 만들어진 물건.

2 (1) **귀청이 떨어지다**: 소리가 몹시 크다.
   (2) **눈살을 찌푸리다**: 마음에 들지 않아 두 눈썹 사이를 찡그리다.
   (3) **엉덩이가 무겁다**: 한번 자리를 잡고 앉으면 좀처럼 일어나지 않는다.

1 ③   2 ④   3 차별   4 ❷, ❸   5 (2) ○   6 ㉮
7 (2) ○ (3) ○

내용 정리 ❶ 피부색   ❷ 문화   ❸ 인정한다
어휘 정리 1 (1) 전망 (2) 금지 (3) 편견   2 (1) ○

1 글쓴이는 우리와 피부색이 다르고 우리보다 못사는 나라에서 온 사람들을 무시하고 싫어하는 것을 문제 상황으로 제기하였습니다.

2 글쓴이는 우리와 다른 다양한 문화를 이해하고 받아들이자고 주장하였으므로 이 글의 제목은 ④가 알맞습니다.

4 ❷, ❸문단에서 다문화 사회를 대하는 우리의 태도를 근거로 들어 우리와 다른 다양한 문화를 이해하고 받아들이자는 주장을 뒷받침하고 있습니다.

5 ㉠은 다문화 사회를 대하는 우리의 올바른 태도에 대하여 말한 것으로 '우리와 다른 다양한 문화를 이해하고 받아들이자.'라는 주장을 설득력 있게 뒷받침합니다. 따라서 근거로 적절합니다.

6 지금 우리나라의 모습이 ㉢에 나타나 있으므로 ㉢에 담긴 의미로 알맞은 것은 ㉮입니다.

7 외국인에게 길을 친절하게 가르쳐 주는 모습이나 다문화 가정의 친구에게 한글을 가르쳐 주는 모습은 다양한 문화를 이해하고 받아들이자는 글쓴이의 주장을 바르게 실천한 모습입니다.

어휘 정리

1 (1) **전망하다**: 앞날을 미리 예상하다.
   (2) **금지**: 떳떳하고 자랑스럽게 여기는 마음.
   (3) **편견**: 공평하고 올바르지 못하고 한쪽으로 치우친 생각.

2 (1) **발이 넓다**: 사귀어 아는 사람이 많아 활동하는 범위가 넓다.
   (2) **발을 빼다**: 어떤 일에서 관계를 완전히 끊고 물러나다.
   (3) **발이 저리다**: 지은 죄가 있어 마음이 조마조마하거나 편안치 않다.

1 (1) ○ **2** ② **3** 저작권료 **4** **2** **5** 저작권
6 (1) 보호했을 (2) 좋은 점 **7** ㉮, ㉰

내용 정리 ❶ 베낀 ❷ 보호 ❸ 재산

어휘 정리 **1** (1) 저작물 (2) 저작자 (3) 저작권
　　　　　 2 (1) 정당 (2) 전념 (3) 의욕

2 글 **3**의 스스로 창작하여 멋진 저작자가 되어 보라는 말에서 학생이 창작한 글에도 저작권이 있음을 알 수 있습니다. 글 **1**의 우리는 저작권을 보호하기 위하여 노력해야 한다는 말에서 학생도 저작권을 지켜야 한다는 것을 알 수 있습니다.

3 저작자가 자신의 저작물을 다른 사람이 이용하도록 허락하는 대가로 받는 돈을 '저작권료'라고 합니다.

4 제시된 글은 저작권을 보호해야 하는 까닭과 관련 있는 내용이므로 글 **2**에 들어갈 근거로 알맞습니다.

5 글쓴이는 저작권을 보호해야 하는 까닭을 제시하여 저작권을 보호하기 위해 노력하자고 주장했습니다.

6 더 좋은 저작물이 많이 만들어진다는 것은 저작권을 보호했을 때의 좋은 점이므로 저작권을 보호하자는 주장을 뒷받침하는 근거로 적절합니다.

7 극장에 가서 영화를 관람한 일이나 내가 직접 그린 그림을 파일로 만들어 학급 게시판에 올린 일은 저작권을 침해한 것이 아니므로 처벌을 받지 않습니다.

어휘 정리

1 (1) **저작물**: 예술, 문학, 학술 또는 창조적 활동의 결과로 만들어 낸 창작물.
　(2) **저작자**: 학문이나 예술 등 어떤 분야에 관한 책이나 작품 따위를 지은 사람.
　(3) **저작권**: 창작물에 대하여 저작자나 그 권리를 이어받은 사람이 가지는 권리.

2 (1) **정당하다**: 이치에 맞아 올바르고 마땅하다.
　(2) **전념하다**: 오직 한 가지 일에만 마음을 쓰다.
　(3) **의욕**: 무엇을 하고자 하는 적극적인 마음이나 의지.

1 (1) 교실 (2) 늘고 **2** ⑤ **3** ⑤ **4** (1) 도현, 세아
(2) 승재, 윤성 **5** ㉅ **6** (3) × **7** ②

내용 정리 ❶ 찬성 ❷ 예방 ❸ 반대 ❹ 비용

어휘 정리 **1** (1) 감시 (2) 녹화 (3) 설치
　　　　　 2 (1) ○ (2) ○

2 '분실하다'는 '자기도 모르는 사이에 물건 등을 잃어버리다.'라는 뜻입니다.

3 도현, 승재, 윤성, 세아가 교실에 감시 카메라를 설치하는 것에 대하여 찬성과 반대 의견을 밝힌 것으로 미루어 '교실에 감시 카메라를 설치해야 한다'가 토론 주제임을 알 수 있습니다.

5 ㉅은 '교실에 감시 카메라를 설치하는 것에 찬성한다.'는 세아의 의견과 관련 없는 내용이므로 근거로 적절하지 않습니다.

6 (1)과 (2)는 '교실에 감시 카메라를 설치하는 것에 찬성한다.'는 의견을 뒷받침할 근거로 적절하고, (3)은 '교실에 감시 카메라를 설치하는 것에 반대한다.'는 의견을 뒷받침할 근거로 적절합니다.

7 승재는 학생들이 감시를 당한다는 생각 때문에 자유롭게 행동할 수 없다는 근거를 들어 교실에 감시 카메라를 설치하는 것에 반대했습니다. 연아는 승재의 의견에 반대되는 근거를 들어 교실에 감시 카메라를 설치하는 것에 찬성했습니다.

어휘 정리

1 (1) **감시**: 문제나 사고가 생기지 않도록 주의 깊게 지켜봄.
　(2) **녹화하다**: 실제 모습이나 동작을 나중에 다시 보기 위해서 기계 장치에 그대로 옮겨 두다.
　(3) **설치되다**: 어떤 목적에 맞게 쓰이기 위하여 기관이나 설비 등이 만들어지거나 제자리에 맞게 놓여지다.

2 '대'는 차, 비행기, 악기, 기계 등을 세는 단위입니다. (3)에는 필기도구를 세는 단위인 '자루'를, (4)에는 꽃이나 열매 등을 세는 단위인 '송이'를 쓰는 것이 어울립니다.

38~39쪽

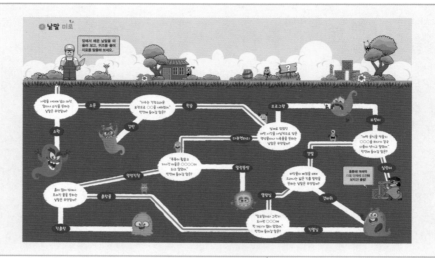

58~59쪽

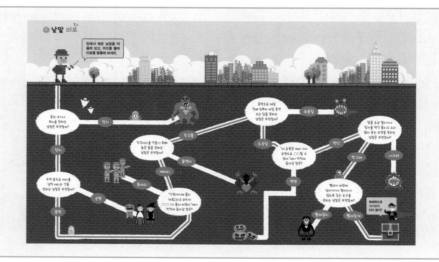

86~87쪽

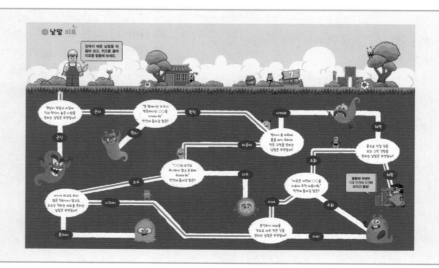

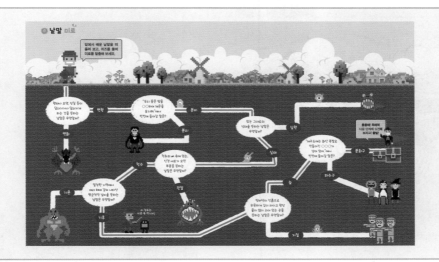

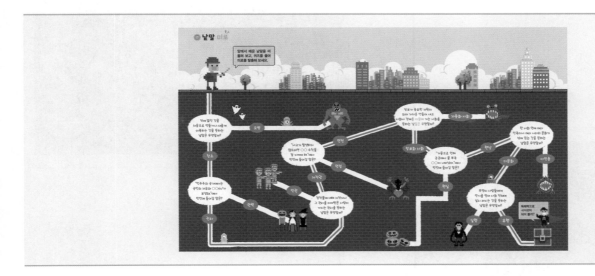

40쪽

60쪽

114쪽

150쪽

기적의 학습서
오늘도 한 뼘 자랐습니다.

기적의 공부방에서 함께 공부해요!

길벗스쿨 공식 카페 〈기적의 공부방〉
http://cafe.naver.com/gilbutschool

★지금 가입하면 누릴 수 있는 3가지!

1 꾸준한 학습이
가능해요!

- 스케줄 관리를 통해 책 한 권을 끝낼 수 있는 **학습단**에 참여해 보세요!
- 도서 관련 **학습 자료**와 **선배 엄마들의 노하우**를 확인할 수 있어요!
- 궁금한 것이 있다면 **Q&A 서비스**를 통해 카페지기와 선배 엄마들의 답변을 들을 수 있어요!

2 책 기획 과정에
참여해요!

- **독자기획단**을 통해 전문 편집자와 함께 아이템 선정부터 책의 목차, 책의 구성 등을 함께 만들어가요!
- 출간 전 도서를 체험해 보는 **베타테스트**를 통해 도서의 장/단점을 파악하여 더 나은 도서를 만드는 데 기여해요!

3 재미와 선물이
팡팡 터져요!

- 매일 새로운 주제로 엄마들과 **댓글 이야기**를 나누고 간식도 받아요!
- 매주 카페 **활동왕**을 선정하여 푸짐한 상품을 드려요!
- 사진 콘테스트 등 매번 색다른 **친목 이벤트**로 재미와 선물을 동시에 잡아요!

기적의 공부방은 엄마표 학습을 응원합니다!